essentials

Essentials liefern aktuelles Wissen in konzentrierter Form. Die Essenz dessen, worauf es als „State-of-the-Art" in der gegenwärtigen Fachdiskussion oder in der Praxis ankommt. *Essentials* informieren schnell, unkompliziert und verständlich

• als Einführung in ein aktuelles Thema aus Ihrem Fachgebiet
• als Einstieg in ein für Sie noch unbekanntes Themenfeld
• als Einblick, um zum Thema mitreden zu können

Die Bücher in elektronischer und gedruckter Form bringen das Fachwissen von Springerautor*innen kompakt zur Darstellung. Sie sind besonders für die Nutzung als eBook auf Tablet-PCs, eBook-Readern und Smartphones geeignet. *Essentials* sind Wissensbausteine aus den Wirtschafts-, Sozial- und Geisteswissenschaften, aus Technik und Naturwissenschaften sowie aus Medizin, Psychologie und Gesundheitsberufen. Von renommierten Autor*innen aller Springer-Verlagsmarken.

Thomas Jendrosch

Marketingmusik

Konsumentensteuerung durch Songs und Sounds

 Springer Gabler

Thomas Jendrosch
Korschenbroich, Deutschland

ISSN 2197-6708   ISSN 2197-6716   (electronic)
essentials
ISBN 978-3-658-51381-8   ISBN 978-3-658-51382-5   (eBook)
https://doi.org/10.1007/978-3-658-51382-5

Die Deutsche Nationalbibliothek verzeichnet diese Publikation in der Deutschen Nationalbibliografie; detaillierte bibliografische Daten sind im Internet über https://portal.dnb.de abrufbar.

Springer Gabler ist ein Imprint der eingetragenen Gesellschaft Springer Fachmedien Wiesbaden GmbH und ist ein Teil von Springer Nature.
Die Anschrift der Gesellschaft ist: Abraham-Lincoln-Str. 46, 65189 Wiesbaden, Germany

Wenn Sie dieses Produkt entsorgen, geben Sie das Papier bitte zum Recycling.

Was Sie in diesem *essential* finden können

- Hintergrundwissen zur auditiven Wahrnehmung des Menschen
- Anwendungsfelder von Songs und Sounds im Marketing
- Marketinghinweise, psychologische Erklärungen und praktische Beispiele

Vorwort

Die Verbindung von Marketing und Musik stellt ein interessantes Gespann dar, das den Autor dieses Buches immer wieder beschäftigt hat (Jendrosch 2021). Musik bewegt und sie bleibt oft auch im Gedächtnis haften: Musik ist der Soundtrack des Lebens, der ganze Generationen (z. B. 80er-Jahre: Neue Deutsche Welle) prägt. Aber man spricht z. B. auch von den „roaring" Sixties, um eine Dekade zu kennzeichnen, von der eine ganze Gesellschaft soundtechnisch beeinflusst wurde – durch die Beats und Umbrüche jener Zeit.

Zugleich aber vermag die Musik auch Produkten ihren ureigenen Sound zu geben und Stimmungen zu prägen. Musik lässt sich instrumentalisieren: Marken, Menschen, Unternehmen bis hin zu touristischen Regionen können durch Geräusche und Töne in der Vorstellung des Verbrauchers geprägt werden.

Marketing dient letztlich dem Verkauf, soll Aufmerksamkeit und Absatz steigern. Musik dagegen ist eine Form der Kunst, die eher dem Selbstzweck folgt: Sie will gefallen und unterhalten. **Stellt man die Musik in den Dienst des Marketings, so wird sie zu einem vielseitigen Instrument der Konsumentensteuerung.**

Das Angenehme, das Eingängige, das subtil Periphere ist es, was gerade eine solche beeinflussende Musik kennzeichnet, die im Hintergrund spielt. Das Beiläufige, fast schon Subliminale in der Wahrnehmung macht sie zu einem beachtenswerten Wirkfaktor auf das Verbraucherverhalten. Zwar gelten Menschen vornehmlich als Augentiere, doch auch das Gehör trägt wesentlich zur Informationsaufnahme bei. Mit Musik fällt so manches bekanntlich leichter. Und hierzu zählen eben auch Wahrnehmungsprozesse, Gefühlsregungen und Kaufentscheidungen.

Musik setzt sich aus Tönen, Sounds, Geräuschen, Stimmen, Beats und Melodien zusammen, die in ihrer Gesamtheit ein Klangkunstwerk bilden können. In isolierter Form können Töne aber auch zur Waffe werden, man denke nur an moderne Schallkanonen, mit denen Eindringlinge oder Angreifer abgewehrt werden. Und auch der Schiedsrichter beim Fußball greift zur lauten Trillerpfeife, wenn er sich Gehör verschaffen will.

Marketingmusik bezeichnet alle Songs, Sounds und (harmonische) Tonfolgen, die gezielt eingesetzt werden, um Konsumenten zu beeinflussen (vgl. marketing-musik.de). Von dieser Marketingmusik im weitesten Sinne soll dieses Buch in überschaubarer Weise handeln.

Korschenbroich																			Thomas Jendrosch
im März 2026

Inhaltsverzeichnis

Musik und Marketing hängen eng zusammen. Die Wirkungen auf das **Konsumentenverhalten** sind subtil spürbar – und häufig geradezu vorprogrammiert (Jendrosch 1995).

Die Flut der Bilder in der Werbung zeigt, dass der Weg zum Konsumenten meist über visuelle Kanäle gesucht wird. Tatsächlich ist der Mensch ein sprichwörtliches Augentier. Doch zugleich ist er ein multimodales Wesen, das auch – und ergänzend – über akustische Ansprachen effektiv und emotional erreicht werden kann. Wenn es plötzlich irgendwo knallt, sind wir automatisch wie „vom Donner gerührt" – ein Hinweis auf stammesgeschichtliche **Programmierungen.**

Musik ist mehr als ein einfaches Geräusch. Sie ist ein komplexes und psychologisch schmeichelndes Marketinginstrument, mit dem sich viele Formen der Kundenkommunikation unterstützen lassen: Musik begleitet Botschaften, Melodien und Geräusche vertonen Bilder und transportieren Gefühle. Der zielgerichtete Einsatz von Sounds, der sich ebenso gut auf therapeutische Zwecke (z. B. Musiktherapie) richten könnte, wird auch als **funktionale Musik** (Rötter 2017) bezeichnet. Im kommunikationspolitischen Kontext dieses Buches wird dagegen der engere Begriff der Marketingmusik verwendet.

Und auch die Marketingmusik ist mehr als nur ein Lied, das die Werbung untermalt: Sounds, Töne und Songs finden sich im **Audio-Branding,** bei Unternehmensevents, in Computerspielen und selbst in der Telefon-Warteschleife. Und auch das gesprochene Wort, wie in der Rap-Musik oder beim Stadionsprecher, kann letztlich soundtechnische Wirkungen beim Rezipienten entfalten.

Die Bedeutung der Musik für das Erleben und Verhalten der Menschen ist nicht neu. Doch die Möglichkeiten des Zusammenspiels von Musik und

T. Jendrosch, *Marketingmusik*, essentials,
https://doi.org/10.1007/978-3-658-51382-5_1

Marketingmaßnahmen wachsen und verblüffen immer aufs Neue. Und sie können weitreichend zur **Verhaltenssteuerung** genutzt werden.

Beim Marketing geht es um den Verkauf – und einiges mehr. Die Beeinflussung durch Musik kann auch positive bzw. gesellschaftlich erwünschte Konsummuster fördern: Leise Musik, die dezent im Hintergrund von Supermärkten und Restaurants zu hören ist, verstärkt z. B. eine gesunde Nahrungswahl (Biswas et al. 2019) – ein **akustisches Nudging** sozusagen.

Wer die Möglichkeiten im Marketing nutzen will und die akustische Ansprache seiner Kunden im Blick hat, findet im Bereich der Marketingmusik interessante Anlässe und Ansätze zur Verhaltenssteuerung. Musik ist daher ein weitreichendes Instrument, um andere Formen der Kommunikation mit dem Kunden zu unterstützen.

Im folgenden Kapitel werden zunächst grundlegende Wirkmechanismen dargestellt, die das menschliche Verhalten auf (evolutions-)biologischer sowie psychologischer und sozialer Ebene beeinflussen.

Danach werden in Kap. 3 die marketingrelevanten Einsatzfelder von Sounds und Musik dargestellt und illustriert.

In Kap. 4 wird schließlich ein Ausblick auf zukünftige Entwicklungen gegeben, verbunden mit Handlungsimplikationen für die Marketingpraxis.

Mensch und Musik 2

Musik gilt als ein Phänomen, das in allen Kulturen und Epochen der Menschen zu beobachten ist. Die **Ethologie** (Verhaltensbiologie) verweist hier etwa auf archaische Tänze, Trommelrituale und Gesänge. Stammesgeschichtlich haben sich entsprechende Verhaltensstrukturen entwickelt, die auch heute noch wirksam sind.

Im Gehirn gibt es spezialisierte Strukturen, die auf akustische Reize reagieren (Birbaumer und Schmidt 2010, S. 429 ff.). Ein Slogan für Werbung im Radio (Radiozentrale) trifft es recht gut: *„Geht ins Ohr. Bleibt im Kopf."* Dieser akustische Zugangsweg ins Gehirn gilt für Sprache, Sound und Melodien gleichermaßen. Hinzu kommt, dass Töne im Cortex noch schneller verarbeitet werden als Bilder (Day und Glaser 2022). Klänge wirken unmittelbar, was Spontanreaktionen fördert, die so vom Marketing getriggert werden können. Und auch das **Belohnungssystem** im Gehirn ist bei der akustischen Reizverarbeitung und -bewertung beteiligt. In Situationen, die multisensorisch geprägt sind, können akustische Reize schneller zum Konsumenten durchdringen als Bilder – und so z. B. die Produktwahrnehmung prägen.

Klangästhetische Strukturen, wie sie in **Rhythmen** und **Harmonien** vorkommen, dürften eine Rolle dabei spielen, dass Musik zumeist als angenehm empfunden wird und sich gesellschaftlich zudem als Kulturgut entwickelt hat. So ist heute z. B. gängige Popmusik (Jendrosch 2025) weltweit und universal verbreitet und beliebt. An solchen Phänomenen und basalen Erklärungsansätzen vermag letztlich auch die Marketingmusik als Steuerungsinstrument anzudocken.

T. Jendrosch, *Marketingmusik*, essentials,
https://doi.org/10.1007/978-3-658-51382-5_2

2.1   Biologisch programmierte Präferenzen

Wenn Vögel aus dem Ei schlüpfen, braucht es nicht lange, bis sie schließlich fliegen und auch zwitschern können. Die Lautproduktion ist ihnen ebenso von Geburt an mitgegeben wie die Erkennung des Gesangs ihrer Artgenossen. Der Verhaltensforscher und Nobelpreisträger Konrad Lorenz (1987) spricht hier von **angeborenen Mechanismen,** die autark und weitgehend ohne vorherige Lernprozesse ausgelöst werden.

Die **vergleichende Verhaltensforschung** (Eibl-Eibesfeldt 1986, S. 847 ff.) zeigt ebenso wie die Entwicklungspsychologie, dass solche Prozesse im Prinzip auch beim Menschen zu beobachten sind: Wenn Musik erklingt, dann wippen Menschen oftmals ihre Füße im Takt oder trommeln mit den Fingern auf der Tischplatte mit. Ihr Verhalten passt sich der musikalischen Vorgabe an, unbewusst und automatisch. Musik, die solche Reaktionen hervorrufen kann, hat mithin einen direkten Zugang zum Zuhörer gefunden, der sich z. B. mit gezielten Begleitinformationen ansprechen lässt. Botschaften gelangen so über das Gehör direkt ins Nervensystem bis ins Gefühlszentrum. Für das Marketing ergibt sich durch Klangreize, deren Wirkung nicht direkt ersichtlich ist, ein Zugang ins Unterbewusstsein des Verbrauchers. Hierzu zählen auch Geräusche, die nervös machen oder Sub-Bässe, die Gefühle beeinflussen (Jendrosch 2017).

Dieser Automatismus erinnert an den sogenannten **Carpenter-Effekt** (Pschyrembel Klinisches Wörterbuch 2020, S. 287), der eine unbewusste Fremdsteuerung des Verhaltens beschreibt. Die **emotionale Ansteckung** durch Musik dürfte dazugerechnet werden können.

Solche Ansteckungs- oder auch Synchronisierungswirkungen findet man auch bei Verliebten, die händchenhaltend spazieren gehen – und zwar im gleichen Schrittrhythmus. Die Verhaltensanpassung geschieht dabei unbewusst und automatisch.

Auch das gemeinsame Singen, ein in allen Kulturen beobachtbares Phänomen, führt zur Synchronisierung von Stimmungen und Gefühlen. Musik verbindet, könnte man im Sinne von Gotthilf Fischer (2008) formulieren, der selbst große Chöre geleitet hat: *„Die Macht des Singens ist wohl die größte, die es gibt.“*

Andererseits erkennt man im Singen der Nationalhymne, etwa bei internationalen Sportveranstaltungen, wie sehr Lieder verbinden, zugleich aber auch nationale Identitäten hervorheben können. So ist z. B. der Song „Major Tom“ die offizielle Torhymne der deutschen Fußballnationalmannschaft (Kicker). Musik vermittelt hier ein Wir- oder **Zugehörigkeitsgefühl.** Die Auswahl und Ausgestaltung von Nationalhymnen – aber auch von Firmenhymnen – dürften vor diesem Hintergrund immer auch mit verhaltenssteuernden Absichten verbunden sein.

Ein weiteres Indiz für die angeborene Wirkung musikalischer Reize findet sich bei Wiegenliedern, mit denen Kinder beruhigt und in den Schlaf gesungen werden. Die Taktgeschwindigkeit solcher Lieder ist niedrig und ähnelt dem Herzschlag und der Atemfrequenz von Schlafenden.

Solche simplen Rhythmen spürt ein Ungeborenes bereits im Mutterleib, wo es den regelmäßigen Herzschlag der Mutter wahrnehmen kann. **Pränatale Einflüsse** wirken nach und können auch bei Erwachsenen noch prägend sein. Die Geschwindigkeit eines Songs, gemessen an den Beats per Minute (BPM), können für eine entsprechende Aktivierung, Beruhigung oder Synchronisation genutzt werden.

Hintergrundinformation
Ein durchschnittlicher Popsong in den UK-Charts des Jahres 2020 hat 122 Beats per Minute. Nach einer Meldung der BBC sind die Stücke des Genres 18 bpm schneller als im Jahr 2017, wo Songs nur 104 bpm aufwiesen (O. V. 2020).

Die verhaltenssteuernde Wirkung zeigt sich deutlich in der Marschmusik, weil die Beziehung zwischen Takt, Tempo und Gleichschritt der Soldaten hier unmittelbar ersichtlich ist.

Auch für Marketingzwecke wäre naturgemäß eine Rhythmisierung und Motivierung des Verbrauchers interessant, die ihn einen Einkaufsweg, im Sinne der **Customer Journey** „beschwingt" und beeinflussbar beschreiten lässt: etwa der Gang durch den Supermarkt auf einem entsprechendem Klangteppich (siehe auch Abschn. 3.4).

2.1.1 Ästhetische Wahrnehmung und gute Gestalt

Wenn man über Musik spricht, so kann man sich fragen, wodurch diese sich eigentlich konstituiert: Quietschende Kreide auf einer Tafel, zerberstendes Glas oder ein Donnerhall – all das fabriziert Töne und Klänge. Und solche Geräusche können durchaus in künstlerischen Klangkollagen Verwendung finden oder als isoliertes Effektsample musikalisch eingesetzt werden; doch das Wesen der Musik dürfte vor allem in ihrer harmonischen Beschaffenheit und Gefälligkeit zu suchen sein (Bruhn et al. 1993, S. 14 f.).

Ästhetische Prinzipien zeigen, dass es **Harmonien, Konsonanzen, Tonalität, Ordnungen, Strukturen** und **Rhythmen** sind, die zur positiven Beurteilung von klanglichen Reizen beitragen. Auch ein Geräusch kann, rhythmisch, nicht zu laut und im richtigen Takt dargeboten, durchaus eine ästhetische Qualität entwickeln. Die Beats der frühen Hip-Hop-Szene wurden bekanntlich aus diversen Samples zusammengebastelt, immer wieder geloopt, sprich wiederholt und verfremdet, bis beim Hörer das Gefühl der musikalischen Gefälligkeit entstand. Diese gemixte Musik mag nicht jedermanns Sache sein, aber ihr Erfolg ist unbestritten.

Hintergrundinformation
So pflegen z. B. der Sportartikelhersteller Adidas und die Rap-Gruppe Run DMC eine berühmte werbliche Zusammenarbeit, die schon 1986 begann. Die Gruppe trug zumeist Sneaker von Adidas und schrieb darüber auch den erfolgreichen Song „My Adidas". Die Resonanz der Schuhe bei den Fans bescherte den Rappern daraufhin einen lukrativen Sponsoren-Vertrag (Frohoff 2020).

Musik, die positiv aktiviert, also Gefallen – oder zumindest keinen Schrecken – beim Hörer erzeugt, sollte mithin klangästhetischen Prinzipien folgen. Abweichungen sind freilich möglich: In einem älteren Werbespot für das Getränk K-Fee wurden die Bilder zu Beginn mit leisen und harmonischen Klängen unterlegt. Erst zum Schluss wurde plötzlich eine Horrorfratze eingeblendet, die von einem lauten Kreischen begleitet war. Die **Konsumentenaktivierung** (Gröppel-Klein und Kroeber-Riel 2025, S. 81 ff.), sprich die physiologische Wachheit, wurde hier entsprechend durch den Schreckeffekt erzeugt. Die K-fee-Schockwerbung ist insofern sehr gelungen, weil sie es geschafft hat, ein Produkt langfristig im Gedächtnis zu verankern (Göring 2022).

Ähnliches wird auch von Joseph Haydn überliefert, der die „Sinfonie mit dem Paukenschlag" so komponiert haben soll, dass die Zuhörer nach den ersten ruhigen Takten mit einem lauten Moment aufgeschreckt werden (Vanhoefer 2008).

Musik kann unterschiedlich beschaffen sein. Entscheidend ist, wie der Hörer sie interpretiert. Und diese Interpretation folgt ästhetischen Wahrnehmungsmechanismen, wie sie von der **Gestaltpsychologie** (Fitzek 2014) beschrieben werden. So ist Musik mehr als nur die eine Abfolge einzelner Töne. Erst in der ganzheitlichen Wahrnehmung entstehen Musik und Melodie. Entsprechend ist die Komposition von Musikstücken an der Ganzheitlichkeit, Geschlossenheit und Zusammengehörigkeit seiner Klangelemente orientiert, weil es den Erwartungen des Zuhörers an eine gute musikalische Gestalt folgt. Andererseits können diese Prinzipien natürlich auch gezielt durchbrochen werden, um über Irritation eine erhöhte Aufmerksamkeit und Aktivierung zu erreichen.

Musik (z. B. Hard-Rock) wirkt hier wie ein **Schlüsselreiz,** der vorgegebene Antwortreaktionen (z. B. Energetisierung) beim Zuhörer auslösen kann.

Und Harmonien wecken dabei die positiven Gefühle. Solche Klänge wirken dann ausgewogen und aufeinander abgestimmt. Konsonanz wirken ebenfalls angenehm, Dissonanzen eher nicht. Gleichwohl können einzelne Dissonanzen auch Spannung erzeugen. Ebenso ist zu beachten, dass es kulturell unterschiedliche **Hörgewohnheiten** gibt. Orientalische Musik klinkt für europäische Hörer mitunter dissonant, weil ungewohnt. Die Beachtung kulturspezifischer Klangaspekte ist daher bei globalen Kampagnen wichtig.

Musikstücke folgen, ähnlich einem Gedicht, gewissen Ordnungs- und Strukturprinzipien, die der Hörer gewohnheitsgemäß erwartet: Intros stehen am Beginn, Outros am Ende, auf die Strophe folgt der Refrain usw.

Auch der Rhythmus gibt eine Struktur vor, der – etwa beim Tanz – dann sogar motorisch gefolgt wird.

Im Zusammenspiel der Elemente lassen sich planbare Wirkungen auf den Zuhörer erzielen. Dabei kann die Musik minimalistisch gehalten sein, komplex oder auch übersteigert. Je nach Gestaltung entstehen dann musikalische **Attrappen,** d. h. verstärkte Signale mit kalkulierbarer Wirkung: Ein Gesangssolo wirkt dann z. B. besonders anrührend.

Ungeachtet der analytischen Betrachtung dürfte ebenso klar sein, dass sich musikalische Erfolge nicht auch automatisch daraus ableiten lassen. Zwar zeigen Musiker wie der Youtuber Marti Fischer („Wie geht eigentlich Musik?"), dass man durch Beachtung einfacher musikalischer Regeln durchaus annehmbare Songs entwickeln kann, die den Hörgewohnheiten des jeweiligen Genres entsprechen – etwa für EDEKA (2025) Supermärkte. Doch bezogen auf kommerzielle Musikproduktionen stellt die vermeintliche **Hit-Formel,** mit der sich Chart-Erfolge generieren lassen, immer noch ein ungelöstes Rätsel dar. Immerhin gab (z. B. Stock Aitken Waterman in den 80er/90er-Jahren) und gibt es auch jetzt Erfolgsproduzenten (z. B. Max Martin aus Schweden), die Musik am Fließband produzieren, quasi in einer Hit-Factory (Stock 2004). Doch auch dieser Erfolg ist nicht immer von Bestand und nicht immer verlässlich reproduzierbar.

Andererseits ist es erstaunlich, wie z. B. Softwareprogramme in der Lage sind, einfache Musikstücke automatisch für bestimmte Anwendungsfelder zu generieren. Schon eine simple Video-Software, z. B. der frühere Lego Movie Maker (Bucher 2019), enthielt Algorithmen, die stimmungsgenaue und klar strukturiert Musikstücke erzeugen konnte. Diese klangen recht synthetisch, aber durchaus gefällig. Durch den Einsatz von KI (siehe Abschn. 3.6.4) steigen die musikalischen Möglichkeiten jedoch enorm.

2.1.2   Zuordnung und Archetypen

Menschen vermögen relativ sicher zu entscheiden, ob ein Musikstück traurig klingt, beruhigend wirkt oder emotional mitreißend. Klangstrukturen scheinen in ihrer Wirkung ähnlich vorgeprägt zu sein wie etwa Erzählstrukturen. Wie beim textlichen **Storytelling** können entsprechende Vorprogrammierungen auch in der Musik angesprochen werden.

Typische Archetypen (Jung 1990), d. h. tradierte Urvorstellungen, handeln von Liebe und Tod, von Trennung und Schmerz und ähnlich existenziellen Erfahrungen des Menschen. Not, Kampf, Niederlage, Auferstehung und Rettung zählen ebenso dazu. Solche Empfindungen können auch musikalisch transportiert werden.

Hintergrundinformation
Ein Werbespot der ERGO Versicherung (Theobald 2021) unterstreicht z. B. die inhaltliche Botschaft, dass man mit Unterstützung auch nach einem Unfall fit werden kann, durch den bekannten Rocky-Film-Song „Eye of a Tiger". Die emotionale Geschichte einer genesenden Tänzerin, die im Werbespot gezeigt wird, erfährt eine weitere Emotionalisierung durch die gefühlvolle Songinterpretation der gewählten Sängerin, Jenn Grant.

Eibl-Eibesfeldt (1986, S. 847) nennt in der Musik folgende Leitmotive, die in menschlichen Kulturen universal, quasi als musikalischer **Archetypus,** erkannt werden:

1. Wiegenlieder
2. Heldenlieder
3. Liebeslieder
4. Jagdlieder
5. Kriegslieder
6. Trauerlieder

Derartige klangliche Erregungsmuster können im Prinzip auch als Klangattrappe gestaltet sein, deren Wirkung dann sogar erhöht ist. Reiner Vokalgesang kann z. B andere Emotionen auslösen als die Darbietung einer klanglich orchestrierten Big Band.

Das Klagelied einer Solistin wirkt emotional durchdringender als ein von Instrumenten begleiteter Shanty Chor.

Die verringerte Komplexität klanglicher Reize zugunsten einer gesteigerten Aktivierungswirkung findet man als kompositorisches Stilmittel regelmäßig in der Musik. Drum and Base Musik aktiviert durch **Minimalismus** und Betonung der Beats. Techno Musik aktiviert durch **Redundanz** im Takt. Stock Aitken Waterman hat man vorgehalten, dass ihre Songs immer gleich klingen würden. Gleichwohl war diese Wiederholung des Bekannten offenbar ein Teil ihres Erfolgs. Auch Schlager gelten als simpel gestrickt und erfreuen sich zugleich großer Beliebtheit.

Musikalisch kommt der **Hook-Line** (Jeske und Reitz 2019, S. 14 ff.) eine besondere Bedeutung zu, weil sie ein Schlüsselelement darstellt, mit der Zuhörer aktiviert werden können. Die Verbindung zu Schlüsselreizen, wie man sie aus der

Verhaltensforschung kennt, ist hier augenfällig: Verstärkungen, Betonungen und Übertreibungen auf der einen Seite und Reduzierungen auf der anderen können Klangreize zu **Killersounds** machen, mit denen man Menschen verlässlich aktiviert. Alfred Hitchcocks stechende Geigenklänge sind etwa fest mit den im Film sichtbaren Messerstichen gekoppelt.

2.1.3 Wiedererkennung und Lustgewinn

Menschen suchen nach Orientierung und freuen sich, Bekanntes wiederzuentdecken. Das Wiederentdeckte schafft Freude und Vertrauen, die man sich im Marketing in unterschiedlicher Form zunutze macht. Beim **Branding** wird dies etwa genutzt, um Marken positiv im Gedächtnis des Verbrauchers zu verankern. Häufige Markenkontakte erhöhen die Bekanntheit und steigern automatisch das Vertrauen in das beworbene Produkt. Diese Beobachtung lässt sich etwa durch den **Mere-Exposure-Effekt** psychologisch stützen: Man mag und kauft, was man kennt.

Aus dem Musikbereich ist bekannt, dass das häufige Hören eines Songs, z. B. im Radio, dazu führt, dass einem die Musik zunehmend gefällt. Die Gewöhnung führt hier zu Sympathie und Vertrauen. Eine Überreizung dieses Prinzips kann allerdings auch dazu führen, dass man einen Song nach einiger Zeit nicht mehr ertragen mag, weil man sich sprichwörtlich sattgehört hat. Solche Gewöhnungseffekte (**Message Fatigue**) lassen sich zeitlich schwer abschätzen. Aktualisierungen und Auffrischungen musikalischer Reize erscheinen jedoch als probates Gegenmittel. Auch in der Popmusik wird Bekanntes oft erfolgreich remixt, neuinterpretiert und remastered.

Im Marketing werden Spots und Sounds vermutlich eher zu häufig gewechselt, wodurch die Kontinuität leiden kann. Nike etwa kooperiert über die Zeit mit wechselnden Künstlern, was einerseits den Zeitgeist spiegelt (Marx 2026), andererseits aber auch zu Beliebigkeit führen kann.

Hintergrundinformation
Die Hotelmarke Sofitel hat etwa einen Marketingsong produzieren lassen, der „die Markenbotschaft" und ihre „kulturellen Fußabdrücke" bereichert. Die entsprechenden Hotel-Guidelines sehen zudem vor, dass der Song an allen **Touchpoints** von Sofitel zum Einsatz kommt, d. h. bei Eröffnungen, Pressekonferenzen und Reden, als Warteschlangen-Musik, in Werbevideos und in Imagefilmen (Schobelt 2016).

Andererseits ist zu beobachten, dass Songs, die man über Jahre nicht gehört hat, eine plötzliche Wehmut auslösen können. Dies ist darauf zurückzuführen, dass Musik oft mit nostalgischen Erinnerungen verknüpft ist, die mit dem Hören des

Songs wieder wachgerufen werden. Wenn dies Erinnerungen sind, die lange Zeit zurückliegen, werden sie zudem gerne positiv verklärt, was man sich im **Retro-Marketing** zunutze machen kann.

Aktuelle Musikstücke – etwa die Pop-Songs von Bruno Mars bis hin zu The Weeknd – enthalten häufig Anklänge an Vergangenes, greifen Instrumentierungen oder Klänge auf, die Erinnerungen älterer Zielgruppen wecken und für jüngere Hörer zugleich neu wirken. Filmproduktionen wie die Erfolgsserie Stranger Things machen sich die Retro-Wirkung der im Film eingesetzten Musik gezielt zunutze (ntv 2026).

Musikhören bereitet hier Lust, spricht also **hedonistische Motive** an, die sich mit zugehörigen Produkten durchaus verbinden lassen.

Letztlich ist Musik auch geeignet, Epochen, d. h. **Zeitabschnitte** zu kennzeichnen (Paul und Schock 2013): Cäsar etwa beschrieb in „De Bello Gallico" Schlachtgesänge, während die letzte Kriegsgeneration womöglich immer noch das Schrillen der Luftschutzsirenen im Ohr hat. Die Nachkriegsgeneration wiederum ist mit den gesungenen Werbereimen der Wirtschaftswunderwelt groß geworden. In all diesen Fällen markieren Töne und Geräusche vergangene Zeiten, die durch einen typischen Sound geprägt waren – und so auch nachdrücklich in Erinnerung bleiben.

2.1.4 Superreize und Attrappen: Ohrwürmer

Auf die Wirkung von Schlüsselreizen und ihrer möglichen Wirksamkeitserhöhung durch Betonung von Einzelmerkmalen wurde bereits hingewiesen. Solche Schlüsselreize können dann zu **Superreizen** oder **Attrappen** ausgebaut werden.

In der Musikgeschichte findet man immer wieder Klangfolgen oder auch **Riffs,** bei denen es ausreicht, die Anfangssequenz zu hören, um das Stück insgesamt zu erkennen. Fehlende Teile werden dann automatisch durch Erinnerungsinhalte ergänzt und vervollständigt. Auch solche erlernten Melodien können Schlüsselreizcharakter annehmen.

Bestimmte **musikalische Phrasen** (Hooks, Riffs, Licks usw.) können einen Song unmittelbar wiedererkennbar machen:

- „Hello" und das prägnante Vokal-Intro von Adele
- „Toccata und Fuge in Dm" (J. S. Bach) mit dem markanten Orgel-Intro
- „Billie Jean" (Michael Jackson) und der ikonische Drum-Groove
- „Take on me" (A-ha) und das Drum-Intro
- „Axel F" (Harold Faltermeyer) und das bekannte Synthie-Intro
- „Careless Whisper" (George Michael) und das zeitlose Saxophon-Intro

Gerade das Klassik-Beispiel von Bach illustriert, dass die Gestaltungsprinzipien eingängiger Musik über alle Gattungen hinweg sich durchaus ähneln.

Die oben genannten Tonfolgen besitzen allesamt **Ohrwurmcharakter,** weil die Melodien so prägnant und eingängig sind, dass sie im Gedächtnis hängenbleiben. Und „Ohrwürmer" haben naturgemäß eine hohe Marketingbedeutung, weil sich mit ihnen auch Botschaften („Haribo macht Kinder froh …") transportieren lassen. In der Werbung dürften Songs wie „Like Ice in the Sunshine" (Beagle Music Ltd. für Langnese), „Summer dreaming – Bacardi feeling" (Kate Yanai für Bacardi) oder „What a wonderful world" (Louis Armstrong für Opel) eher schon zu den Klassikern gehören. Neuere Songs wie „1 2 3 4" von Feist für einen Apple-Werbespot haben sich aber auch schon etabliert und wurden sogar für zwei Grammys nominiert. Auch Vodafone punktete bei seinen Kunden mit „We Are The People" von Empire Of The Sun, ein Werbesong, der es auf Platz 1 der Single-Charts schaffte.

Hintergrundinformation
Musikalische Reize sollten **Relevanz** besitzen, so eine Untersuchung:

„Körperlich entspricht die Relevanz einem angespannten, aufmerksam-untersuchenden Zustand. Um Relevanz zu erzeugen, eignen sich aktivierende musikalische bzw. akustische Formen: helle Klänge, spannungsreiche Intervalle (z. B. Quarten wie im Martinshorn), offene Tonalität, dynamische Rhythmen. Die Song-Strukturen sind starke Riffs, dominante Beats oder kurze Tonfolgen ohne eingängige Melodien. Stimmen sind überdreht, laut, ungewohnt." (Küppers et al. 2016)

Zudem wird auf die **Sympathie** verwiesen, die Klangreize ausstrahlen können, was etwa durch helle Klänge und kurze Töne erreicht werden kann.

Weitere mögliche Reizmerkmale von aktivierender Musik sind:

- **Emotionale Nähe,** die z. B. durch langsame Songs, weiche Stimmen, durch Kinderlieder, Schlager usw. erzielt werden kann.
- **Distress,** der zu erhöhter Aufmerksamkeit führt.
- **Vertrauen** durch eine längerfristige Musikausspielung.
- **Attraktion,** die z. B. durch eine Zielgruppenpassung erreicht wird.
- **Skepsis** kann z. B. durch ungewohnte Klänge ausgelöst werden und die Aktivierung beim Hörer steigern.

Regeln, nach denen sich Ohrwürmer oder auch Werbehits verlässlich produzieren lassen, sind bislang unbekannt. Gleichwohl zog die Erfolgsband „The KLF" in den 80er-Jahren hohe Aufmerksamkeit durch ihr Handbuch, „Der schnelle Weg zum Nr. 1 Hit", auf sich.

Heute wird mitunter versucht, sich durch Lautheit Vorteile beim Musikrezipienten zu verschaffen (Jendrosch 2018). Der sogenannte **„Loudness War"** zielt darauf ab, durch immer lautere und druckvollere Sounds, die Wahrnehmung des Konsumenten auf das eigene Musikprodukt zu lenken und Konkurrenten – etwa auf Playlists – dadurch zu verdrängen. Tatsächlich werden solche komprimierten und druckvollen Sounds von Menschen zumeist als angenehmer empfunden. Der Nachteil liegt jedoch in Dynamikverlusten, die allerdings nicht unmittelbar auffallen müssen.

2.1.5 Synästhesie

Ein interessantes Phänomen stellt die Fähigkeit des Menschen dar, Sinnesreize in multimodaler Form zu verarbeiten (Birbaumer und Schmidt 2010, S. 634). Während diese Fähigkeit bei Kleinkindern durchaus noch verbreitet ist, findet sie sich bei nur noch etwa vier Prozent aller Erwachsenen.

So kann z. B. die Farbwahrnehmung einen Klang auslösen. Umgekehrt können aber auch Klänge und Töne bei Synästhetikern z. B. Farbeindrücke hervorrufen. Selbst Bewegungen können von Synästhetikern u. U. als Klang empfunden werden.

Dies zeigt es, dass musikalische Reize und Sounds vom Gehirn prinzipiell vielfältiger und tiefer verarbeitet werden als gemeinhin vermutet. Gerade im Marketing bietet sich die Reizkopplung, d. h. die multimodale Darbietung an, um die Wirkungen von Kommunikationsmaßnahmen zu erhöhen. Eine Studie („What You See Is What You Hear") weist in diese Richtung (Williams et al. 2022).

2.2 Beeinflussung von Stimmungen

Musik wirkt stimmungsregulierend. Um eine Party in Gang zu bekommen, wird gerne Stimmungsmusik gespielt. Für eine Trauerfeier wird eher getragene, d. h. ernste Musik gewählt. Solche Maßnahmen können psychologisch dem sogenannten **Mood-Management** zugeordnet werden (Jendrosch 2015).

Im Marketing stellt die **Emotionalisierung** ein etabliertes und bewährtes Mittel zur Aktivierung von Verbrauchern dar. Insbesondere die Erkenntnisse der Hirnforschung zeigen, dass Emotionen von zentraler Bedeutung für die Bewertung kommunikativer Botschaften sind. Sachlich-neutrale Reize werden vom Menschen deutlich weniger beachtet, verarbeitet und gespeichert, als solche, die emotional aufgeladen sind – etwa durch entsprechende Klänge. Und in einem emotionalisierten

Setting werden auch Informationen anders aufgenommen und gespeichert als in einer eher nüchternen Atmosphäre.

Diese Erkenntnis ist für das Marketing nicht neu, doch sie illustriert die Beeinflussungsmöglichkeiten, die sich durch die Musik ergeben.

Die Einflussnahme kann sich auf Gefühle und Stimmungen richten: Während Stimmungen eher langanhaltend sind, können Gefühle auch kurzfristig entstehen und ebenso schnell wieder verfliegen.

2.2.1 Gefühlssynchronisation

Die Erkennung und Einordnung von Gefühlen ist eine wichtige Fähigkeit des Menschen, um sich in andere hineinzuversetzen. Diese **Empathiefähigkeit** sensibilisiert und verbindet. Ganz ursprüngliche Formen findet man etwa bei der Kommunikation zwischen Eltern und Kleinkind. Beim Füttern öffnet das Elternteil intuitiv den Mund, was dann vom Säugling nachgeahmt wird.

Ähnliche Phänomene findet man auch beim Gähnen, wo es zu einer Ansteckungswirkung bei anderen kommen kann. Physiologisch werden solche Ansteckungen mitunter durch **Spiegelneurone,** also Nervenzellen, erklärt, die sich genau darauf spezialisiert haben (Spitzer 2004, S. 87 f.).

Die Synchronisierung von Gefühlen erscheint vor diesem Hintergrund als ein Automatismus, der eine besondere Anpassungsleistung des Menschen darstellt.

Im Nationalsozialismus etwa versuchte man Menschen mit demagogischen Mitteln „gleichzuschalten". Schon Sigmund Freud (2014) beschrieb diese manipulative Kraft in seinen Analysen zur **Massenpsychologie:** Menschen in Großgruppen neigen offenbar dazu, ihre Individualität aufzugeben und stattdessen im Kollektiv aufzugehen. Auch heute noch ist dieses Phänomen im Grundsatz z. B. bei Pop-Konzerten zu beobachten, wo die Fans zu einer hysterisch kreischenden Masse verschmelzen, wenn die Idole auf der Bühne ihre Musik präsentieren. Diese Beobachtung ließ sich bei den Konzerten der Beatles („Beatlemania") ebenso beobachten wie bei Take That oder auch bei populären K-Pop-Bands.

Für das Marketing ist die Musik hier ein Mittel zur Emotionalisierung, etwa bei Unternehmensevents, Produktpräsentationen und anderen Anlässen. Entscheidend dürfte das Gefühl sein, am **Place of Event,** zusammen mit anderen, einer inszenierten Vorführung beizuwohnen – unterstützt durch die passende Musik.

Parallelen finden sich natürlich auch im politischen Bereich. So wird etwa beim politischen Aschermittwoch der CSU in Passau, einem traditionsreichen Politspektakel mit Volksfeststimmung, als **Einlaufmelodie** stets der Defiliermarsch gespielt, wenn der Parteivorsitzende die Bühne betritt (Glas 2023). Die Musik wird zumeist vom rhythmischen Klatschen der Besucher begleitet und verstärkt.

Ähnliches findet sich auch im Fernsehbereich, wo sogenannte **Warm-Upper** oder Anheizer dafür sorgen, dass die kollektive Stimmung ein bestimmtes Niveau erreicht hat, wenn der Showmaster schließlich vor die Kamera tritt. Musik, Klatschen, Tanzen und Schunkeln sind hier zentrale **Steuerungsinstrumente.** Phänomene, die im Übrigen auch an Rituale von Urvölkern erinnern.

Betrachtet man das Schunkeln, so ist leicht eine Verbindung, etwa zur Karnevalsmusik, herstellbar. Diese umfasst insbesondere eingängige Trink- und Stimmungslieder, die zum Mitmachen animieren: *„Drink doch ene met, Stell disch net esu ann"* (Bläck Fööss, Kölner Karnevalsband)

In der Psychologie ist die subtile Beeinflussung gegenüber rationalen Steuerungsansätzen durchaus bekannt. Das sogenannte **Elaboration Likelihood Modell** beschreibt rationale und eher beiläufige **Persuasionswirkungen.** So zielt die Musik dann auf das Gefühl, während die Handlungsaufforderungen eher an den Verstand appellieren.

Und manchmal *„bringt ein einziges Wort ein Lied zum Fliegen"*, berichtet die Karnevalsband „Die Höhner", ohne sich den Erfolg ihrer Schunkel-Hymne „Viva Colonia" aber genauer erklären zu können (Moeck 2012).

2.2.2 Mood Management

Vermutlich kennt ein jeder das Phänomen aus eigener Erfahrung: Ist man gut gelaunt, so dreht man im Radio den fröhlichen Song lauter. Ist man dagegen traurig und betrübt, so verstärkt man seine Stimmung mitunter noch, indem man Klassik oder Balladen auflegt. Hier wird die Musik also passend zur Stimmung gewählt, um diese zu verstärken, und um durch diese Gefühlssteigerung alsbald auch einen Stimmungswandel herbeizuführen. Doch selbst das Gegenteil ist beobachtbar: Menschen, die ihre Laune aufbessern wollen, besuchen dann z. B. bewusst eine Party, auf der zu Stimmungsmusik getanzt wird.

Beide Effekte sind der **Stimmungsselbstregulation** durch Musik zuzuordnen, die auch als Mood-Management (Jendrosch 2015) bezeichnet wird.

Blickt man zurück in die 60er- und 70er-Jahre, so findet man dort besondere Ausprägungen. Im Rahmen der Hippie- und Flower-Power-Bewegung, wie sie etwa das berühmte Woodstock-Festival repräsentiert, wurde die Musik auch genutzt, um andere **Bewusstseinssphären** zu erreichen. Die Musik wurde psychedelisch und mitunter auch in Verbindung mit Drogen konsumiert. Das 1967 erschienene Album „Sgt. Pepper's Lonely Hearts Club Band" von den Beatles spiegelt diese Phase.

Aber auch heute findet sich etwa der Begriff der Headbanger-Musik, der illustriert, wie ekstatisch sich der Musikkonsum auswirken kann – auch in anderen Musikgenres: *„Let's dance, Let's shout, Shake your body down to the ground"* (The Jackson Five)

Das Aufgehen in der Musik, das Einswerden mit Takt und Rhythmus, und auch der Trance-Zustand, scheint einem inneren Bedürfnis zu entsprechen, geistig abzuschalten. Musik kann dann enthemmend wirken, frei machen und den Weg der **Katharsis,** hin zur Entspannung ebnen.

Auch hier wird die Macht von Rhythmus, Klängen und Musik ebenso deutlich wie die prinzipiellen Einflussmöglichkeiten, die bis zur Bewusstseinsveränderung reichen können.

Es liegt nahe, dass solche Bewusstseinszustände für Suggestions- und Kommunikationszwecke ähnlich interessant sind wie die ausgelassene **Kauflaune** eines Konsumenten, der in einen sprichwörtlichen **Kaufrausch** verfällt.

2.2.3   Soziale Zugehörigkeit

Wer allein im Auto sitzt oder in der S-Bahn Kopfhörer trägt, der hört seine Musik bewusst allein. Gleichwohl ist Musik auch ein soziales Phänomen. Wer in einer Band spielt, muss sich mit den anderen Musikern abstimmen. Und wer auf ein Konzert geht, genießt wohl auch das Zusammentreffen mit musikalisch Gleichgesinnten. Dabei wird der Rockmusik-Fan anderen Fans dieser Musikrichtung näher sein als etwa den Fans von Volksmusik. In den musikalischen Vorlieben liegen Merkmale, die die Gemeinschaft binden.

Auch Kreutz (S. 14) stellt fest, dass musikalischer Geschmack, Musikgenuss und soziale Botschaften irgendwie zusammenhängen: *„Aber wie? Liegt darin begründet, warum Werbestrategen Musik ins Kalkül ziehen, um bestimmte Zielgruppen für Produkte zu begeistern?"* Tatsächlich dürfte genau diese Überlegung beim Einsatz von Musik im Marketing leitend sein.

Nicht nur Staaten pflegen eigene Hymnen, selbst Bundesländer bis hin zu einzelnen Gemeinden. Inhaltlich geht es in diesen Liedern zumeist um historische Werte, um Stolz und **Verbundenheit,** die sich auch im musikalischen Duktus niederschlagen. Das Absingen solcher Lieder wird gerne auch mit Gesten unterstrichen, wie etwa dem Auflegen der Hand auf das Herz.

Gleiches gilt für Vereine, die – etwa im Sport – eigene **Fangesänge** pflegen, die dann bei Wettkämpfen abgesungen werden, um die Mannschaft anzufeuern – oder auch um die gegnerischen Fans zu übertönen. Mitunter werden klangverstärkende Hilfsmittel hinzugezogen, etwa Trommeln. Bei einer Fußballweltmeisterschaft sorgte der ausufernde Einsatz sogenannter Vuvuzelas, einer lauten Blasträte, für Unmut, weil der Spielbetrieb dadurch gestört wurde.

Hintergrundinformation
Musik als Bindungsinstrument im Marketing findet man etwa bei der US-amerikanischen Supermarktkette Walmart. Der sogenannte „Walmart Cheer" wird dort wohl morgens gemeinschaftlich von den Mitarbeitern gesungen, um motiviert in den Tag zu starten:

> Give me a W!
> Give me an A!
> Give me an L!
> Give me a squiggly!
> Give me an M!
> Give me an A!
> Give me an R!
> Give me a T!
> What's that spell?
> Wal-Mart!
> Whose Wal-Mart is it?
> It's my Wal-Mart!

Solch ein Sprechgesang erinnert dabei an **Beschwörungsformeln,** die stetig wiederholt, ebenfalls eine verhaltenssteuernde Wirkung entfalten sollen.

Letztlich landet man bei dieser Betrachtung auch bei der Rap-Musik, die ebenfalls vom Sprechgesang geprägt ist. In der Entstehung des Rap ist zu verfolgen, wie diese Gesänge anfangs auch zur sozialen Bindung und Abgrenzung genutzt wurden. Der MC, d. h. der verantwortliche „Master of Ceremony", orchestrierte etwa sogenannte Battles, bei denen Rapper öffentlich gegeneinander antraten und um die Gunst der Zuhörer buhlten. Im Film „8 Mile" des US-amerikanischen Musikers Eminem sind derartige Szenen eindrücklich nachgestellt.

Gesungene Slogans und immer wieder gesprochene Textzeilen, die man in der Werbung hört, können im Prinzip als solche Beschwörungsformen für Verbraucher interpretiert werden, insbesondere, wenn dieser die Texte (ungewollt) verinnerlicht hat und quasi mitsprechen kann: z. B. den typisch intonierten Coolblue-Slogan „Alles für ein Lächeln".

Die Supermarktkette Lidl erhielt von vielen Kunden Zuspruch für ihren erfolgreichen **„Community-Song"** (Theobald 2025): Im Lied werden Lidl-Produkte mit Kommentaren beworben, die zuvor von Konsumenten auf Social-Media gepostet wurden. So werden die Kunden über die entstandene Musik zu **Mitmach-Kunden,** die sich mit dem Unternehmen identifizieren können.

2.3 Selbstdarstellung

Musik kann auch zur Selbstdarstellung genutzt werden. Wer einen besonderen Musikgeschmack zu erkennen gibt, hebt sich etwa bewusst von der Masse und vom musikalischen Mainstream ab. Die Musik markiert hier die Persönlichkeit ähnlich einer Kleidungsmarke, die man für andere sichtbar trägt. Letztlich werden hier Bedürfnisse befriedigt, die so das Ego aufwerten und den **Selbstwert** steigern.

Für das Marketing kann die Musikpräferenz daher auch Instrument zur Adressierung auch kleinerer Zielgruppen sein.

Aus der Sozialpsychologie ist ein weiterer Aspekt bekannt. So führt die Frage, warum Menschen Musik (aber auch andere Formen der Kunst) produzieren, zu der Erkenntnis, dass sich der soziale Status dadurch steigern lässt. Künstler, Kreative und Musiker gelten als etwas Besonderes, als Menschen mit produktiven Befähigungen und sind daher für andere besonders interessant und attraktiv. Der Musiker sucht – bewusst oder eher zufällig – die Bühne der Öffentlichkeit, um Beifall und **Anerkennung** zu finden.

Umgekehrt zeigt sich im Marketing, dass die Popularität von Musikern durchaus geeignet sein kann, den Absatz zu fördern. Pop-Stars sind daher gern genutzte **Testimonials,** d. h. Werbe-Ikonen. Der englische Musiker Robbie Williams war etwa für den Mercedes Ableger Smart im Einsatz. Bekannt sind auch die früheren Sondermodelle des Golf, die vom Hersteller VW nach seinerzeit populären Bands und Musikern (1994: Pink Floyd, 1995: Rolling Stones, 1996: Bon Jovi) benannt wurden.

Hintergrundinformation

Ergänzend sei hier auch der Aspekt der **Customization** angesprochen. Das individuelle Anfertigen von Produkten nach Maß war immer schon Ausdruck des Teuren und Besonderen. Moderne Technologien lassen nun auch preisgünstigere Individualisierungen zu. Der deutsche Musiker Frank Zander bietet etwa lange schon bekannte Songs zum Kauf und zum Verschenken an, die von ihm für den Kunden individualisiert sind:

„Frank Zander singt Ihre Glückwünsche in seinem Geburtstags-Song. Von Alfred bis Yvonne, von Tante bis Oma. Jeder Vorname (außer Spitznamen) ist möglich und wird im Lied 7 x besungen. Ihre Geschenk-CD ist ein Unikat, bedruckt mit dem Namen und dem Alter des Geburtstagskindes.“

Solche individualisierten Produkte erfüllen den Besitzer in der Regel mit Stolz, werden vorgeführt und nicht selten auch weiterempfohlen. Die Idee erinnert psychologisch an persönliche Geburtstagsständchen, wie sie zu Ehren besonderer Jubilare gesungen werden. Auch hier entsteht am Ende eine gute Stimmung, denn der

Betroffene freut sich. In den USA lassen sich solche Ständchen (**„Singing Telegram"**) über entsprechende Anbieter buchen.

Erinnert sei hier auch an das frühere Mercedes-Benz Mixed Tape, eine besondere Musik-Playlist, die speziell für die Fans der Automarke kostenlos zusammengestellt wurde und so den Zusammenhalt der Gemeinschaft förderte.

Konsument und Marketingmusik 3

3.1   Werbesongs

Songs, die in Werbespots eingesetzt werden, sind sicherlich die bekanntesten Anwendungsfälle von Musik im Marketing. Schließlich ist die Produktion solcher Werbefilme vergleichsweise aufwendig und teuer. Zudem zielen die typische Werbesongs auf große Zielgruppen im Fernsehen, im Radio oder auch im Internet.

So wundert es nicht, dass einige Werbesongs eine hohe Bekanntheit erreichen und sogar Kultstatus annehmen können.

Hintergrundinformation

Die Lebensmittelkette Edeka landete 2014 etwa einen Überraschungshit mit dem Sprechsong „Supergeil", der für ein Werbevideo mit dem Künstler Friedrich Liechtenstein verwendet wurde. Für die verantwortliche Werbeagentur, Jung von Matt (Rentz 2014), zeigt der Song, dass man hier tatsächlich *„den Bauch"* der Kunden getroffen hat:

„‚Supergeil' ist ein Musikvideo mit eingängigem Pop und damit für jeden da draußen, der Spaß daran hat, wenn eine Marke auf diese Art und Weise kommuniziert."

Die Frage, die sich hier und anderswo stellt, ist wohl, ob die gewählte Musik zur Marke oder zum Produkt passt. Intuitive Einschätzungen dürften häufig entscheidungsleitend sein. Diese Passung (**musical fit**) wird von den Zielsetzungen der Kommunikation abhängen. So kann ein Song die Hörer aktivieren, sprich erregend wirken (siehe auch Abschn. 2.1.4). Der Einsatz ungewöhnlicher Instrumentierungen, wechselnder Lautstärkepegel, d. h. überraschender Soundelemente kann sich hier anbieten, kann aber auch zu unerwünschten Irritationen führen.

Elektronische Musik, die von definierten Beats gekennzeichnet ist, kann z. B. hilfreich sein, um Botschaften und Bilder taktgenau zu schneiden. Wenn

T. Jendrosch, *Marketingmusik*, essentials,
https://doi.org/10.1007/978-3-658-51382-5_3

Bilder im Takt wechseln, erzielt man eine Synchronität, die den Konsumenten verstärkt mitnimmt. Botschaften werden mittels der Beats dann sprichwörtlich „eingehämmert" (Spangardt et al, S. 211).

Auch der Aspekt der **Stimmungskongruenz** dürfte relevant und offensichtlich sein. Bild und Ton sollten eine geschlossene Einheit ergeben und sich gegenseitig verstärken, sofern nicht absichtlich eine gegenteilige Überraschungswirkung erzielt werden soll.

Hintergrundinformation

Die Musikerkennungssoftware Shazam hat bis vor einigen Jahren zeitweise analysiert, welche Songs aus der Werbung mit der Shazam-App getrackt wurden (hier von 2/2015):

1. Microsoft: „Perdóname" (Interpret: Deorro feat. Adrian Delgado & Dycy)
2. Apple: „Who needs you" (Interpret: The Orwells)
3. Axe: „Welcome to the jungle" (Interpret: Novo Amor)
4. Mercedes: „I lives" (Interpret: One Republic)
5. Telekom: „Meine Gang" (Interpret: Cro feat. Dajuan)

Und hier noch ein Werbesong-Ranking aus 4/2015:

1. Vodafone: „Running with the wolves" (Aurora)
2. Microsoft: „Something about you" (Hayden James)
3. Renault: „My Silver Lining" (First Aid Kid)
4. Volvo: „Feeling Good" (Avicii)
5. Red Bull: „I am" (Awolnation)

Musik, die hier in die Werbung integriert wird, wirkt emotional unterstützend: Bild, Botschaft und Song werden zu einer synergetischen Einheit.

Betrachtet man den historischen Kontext, so war und ist Musik auch ein Mittel, um **Aufmerksamkeit** zu erregen und Menschen anzulocken – so etwa der musizierende Freier vor dem Fenster seiner Angebeteten (Tauchnitz 1990, S. 1). Auch heute noch klingelt der Eismann im Sommer, wenn er mit seinem Wagen durch die Straßen fährt. Auch der Schrotthändler nutzt langsam fahrend eine Fanfare, um den Bewohnern lautstark sein Kommen anzukündigen. Letztlich kommt dies auch der Warnfunktion einer Hupe, einer Fahrradklingel oder eines Nebelhorns gleich. Doch bereits die Fanfare zeigt, dass es bei dieser Kommunikation nicht allein um schlichte Warngeräusche gehen muss, sondern es sich auch um markante Tonfolgen handeln kann.

Denken wir zudem an Bänkelsänger, an Moritatenerzähler oder auch an den Leierkastenmann, so erkennt man durchaus musikalische Entwicklungsschritte, hin zur heutigen Erkennungs- und Werbemusik.

Erinnert sei auch an den „Rattenfänger von Hameln", eine Geschichte der Gebrüder Grimm. Darin wird geschildert, wie ein flötenspielender Mann zuerst die Ratten aus der Stadt lockt und danach (weil er nicht bezahlt wurde) die Kinder der Einwohner von Hameln. Die Macht der Musik spiegelt sich hier in der betörenden Flötenmelodie, von der man offenbar magisch angezogen wurde. So kennt man in der Wirtschaftswissenschaft auch den sogenannten **Bandwagon-Effekt** (Mitläufereffekt), analog einer Musikkapelle auf einem Zugwagen, hinter der die Menschen begeistert herlaufen.

Die Macht der Musik, um diese Metapher erneut zu nutzen, findet sich selbst bei den Reisen des Odysseus. So ließ sich der Held an den Mast seines Bootes binden, um nicht den betörenden Gesängen der Sirenen, weiblichen Fabelwesen, zu verfallen.

Vor diesem Hintergrund erscheint interessant, dass es offenbar nicht nur auf die Musik selbst, sondern auch auf den Kontext ankommt. Hier sind es weibliche Wesen, die sich mit ihrem Gesang an Männer, hier die Seefahrer, wenden. Betrachtet man dagegen einen bekannten, älteren Werbespot für Diet Coke, so sind es dort Frauen, die sich von einem Mann angezogen fühlen – auch wenn der Gesang hier weiblich ist. Der Werbesong, ein Re-release des Titels „I Just Want to Make Love to You" der Sängerin Etta James, gelangte 1996 so immerhin auch in die englischen Charts.

Wie aber wird der Song für die Werbung ausgewählt? Sofern er nicht extra erst komponiert und getextet werden muss, wird man sich musikalischer Archive bedienen, die von den Labels und sonstigen Institutionen gepflegt werden.

Im Coca-Cola Beispiel ist wohl die **sexualisierte Werbebotschaft** leitend (vgl. hierzu auch: Jendrosch 2000). Der attraktive, Cola trinkende Mann wird hier als Objekt der Begierde inszeniert. Die gewählte Soul-Musik wirkt hier stark emotionalisierend und unterstreicht die Werbebotschaft deutlich. Was auf den ersten Blick etwas platt erscheinen könnte, hat sich hier seinerzeit jedoch zu einer Kult-Werbung entwickelt.

Erinnert sei auch an den bis heute immer wieder verwendeten Song „What A Wonderful World" von Louis Armstrong aus den 60er-Jahren. Der Autobauer Opel nutzte den Song in den 80er-Jahren prominent für seine Werbung. Auch hier ist der alte Songtext genau auf die neue ökologische Werbebotschaft bezogen: „*I see trees of green, red roses too. I see them bloom for me and you, and I think to myself: What a wonderful world.*" Auch dieser recht einfache und direkte Bezug von Musik auf Werbung, erreichte immerhin eine gewisse Marketingberühmtheit.

Originalität ist mithin nicht unbedingt das Mittel der Wahl, um Aufmerksamkeit und Sympathie zu bekommen. Mitunter ist es einfach die Passung von Emotionen, die bei der Musik in der Werbung zum Erfolg führt, getreu dem Motto: Never change a winning team. Bekannte Songs, die vom Marketing reaktiviert werden, versprühen letztlich auch einen **Retro-Charme,** der mit Vertrautheit und entsprechender **Wiedererkennungsfreude** einhergeht, die der Werbebotschaft entsprechend zugutekommt.

3.2   Unternehmenshymnen

So wie es Nationalhymnen gibt, so werden mitunter auch Unternehmenshymnen **(Corporate Anthems)** eingesetzt, um eine Organisation zu repräsentieren (z. B. Edeka: *„Wir lieben Lebensmittel"*), Kunden zu binden (z. B. Gilette-Rasierer: *„Für das Beste im Mann"*) oder um Mitarbeiter zu gewinnen (Azubi- oder Recruiting-Songs).

Hymnen klingen zumeist feierlich, erhaben und wirken dadurch gemeinschaftsbildend. Auch Apple setzte bereits 1984 einen Unternehmenssong ein („We are Apple (Leading the way)"), der an eine typische Powerballade dieser Zeit erinnert.

Staatliche Hymnen sind je nach Tradition, Kultur und Zeitgeist nicht unumstritten (Nationalstolzdebatte). Insofern dürfte auch der Einsatz von Unternehmenshymnen genau zu prüfen sein, um keine unnötigen Reaktanzeffekte (durch z. B. Übertreibung und zu viel Pathos) zu provozieren.

3.3   Corporate Sounds

Will ein Unternehmen sich akustisch positionieren, so kann es Melodien, Sounds oder Songs nutzen, um **Wiedererkennung** und **Einzigartigkeit** zu unterstreichen. So verweist z. B. der gesungene Slogan *„Carglass repariert, Carglass tauscht aus"* auf den gleichnamigen Reparaturbetrieb. Aber selbst das typische Ploppen einer Bierflasche reicht aus, um etwa die Flensburger Brauerei mit einem einzelnen Sound zu markieren (Kleinjohann 2020, S. 10).

3.3.1   Soundlogos

Soundlogos können als ein akustisch verdichtetes Markenbild beschrieben werden. Es muss keine komplette Melodie angeboten werden, um ein Unternehmen wiedererkennen und seine Identität einordnen zu können. Stattdessen reichen bereits wenige **kurze Tonfolgen,** wie man sie etwa vom Telekom Soundlogo kennt: „da-da-da-di-da".

Die Eingängigkeit dieser Tonfolge bietet bei der Wiedererkennung Vorteile. Nachteilig kann sich jedoch ein Übermaß der Nutzung im Zeitverlauf erweisen, was dann von Konsumenten als **„Klangterror"** (Westermann 2007) empfunden werden kann.

Bereits in den 2000er-Jahren waren Konsumenten einer Flut nervtötender **Klingeltonwerbung** für Handys ausgesetzt. Der „Crazy Frog" von Jamba steht stellvertretend für diese Entwicklung. Retro-Trends führen offenbar dazu, dass Verbraucher sich diese Form der Musik tatsächlich zurückwünschen und Anbieter entsprechend reagieren (O. V. 2021). Zudem erstaunt es, dass ein Klingelton überhaupt Interesse nach Modifikation und **Individualisierung** weckt. Gleichwohl hält jedes Smartphone unzählige Varianten an bereits eingebauten Klingel- und Signaltönen bereit, die vom typischen Apple-Sound reichen bis hin zu antiquierten Fernsprechgeräten, die man eigentlich nur aus alten Filmen kennt (Behrendt 2013).

Hintergrundinformation

Auch der Chip-Hersteller Intel verwendet seit langem ein Soundlogo. Sein Rhythmus, wurde von den Silben des Slogans „In-tel In-side" inspiriert, berichtet der Erfinder Walter Werzowa. Zugleich stellte er fest (Floemer 2024), dass
„der Klang der Töne mindestens genauso wichtig ist wie die Melodie selbst. In einer Fokusgruppe mit 60 Personen erkannten nur 80 % der Teilnehmenden die richtige Melodie, wenn sie auf einer Geige gespielt wurde, aber 100 % erkannten den richtigen Klang – selbst wenn ein falscher Ton hinzugefügt wurde."
Es lohnt sich daher, nicht nur in eine geeignete Melodie zu investieren, sondern auch in das passende **Sounddesign.**

3.3.2 Audio-Branding

Das akustische (sound, sonic) Branding (Steiner 2018, S. 69 ff.), sprich die hörbare Markenpositionierung, bedarf nicht unbedingt klar definierter Tonfolgen, sondern es kann auch Geräusche und **Geräuscheffekte** verwenden. Der Erkennungssound des Fernsehsenders bzw. Streaminganbieters HBO besteht etwa aus einem elektronischen Rauschen (White Noise), das kurz darauf in einen warmen Synthesizersound übergeht.

Auch beim Einschalten des Computers ertönt zumeist der typische Windows-Sound von Microsoft, bei Apple-Rechner verhält es sich ähnlich. Touchpoints am Arbeitsplatz werden auf diese Weise akustisch markiert (Soundmark) und in gewisser Weise sogar lebendig gemacht.

Den „Sound of Tomorrow" sucht Mercedes für seine Elektrofahrzeuge (Danek 2022). Anders als Verbrennermotoren erzeugt ein Elektroantrieb kaum noch Antriebsgeräusche, die für die Marke typisch sind (z. B. Porsche 911 mit Klappenauspuff). Dies kann dann bzw. muss dann von künstlichen Ersatzsounds übernommen werden. Für die Ohren eingefleischter Autofans kann selbst das Blubbern eines hubraumstarken Motors wie Musik klingen.

3.4   Klangteppiche und Hintergrundmusik

Als Klangteppich oder auch **Soundscape** lassen sich Hintergrundgeräusche beschreiben, die eher beiläufig für eine bestimmte Atmosphäre sorgen. Solche atmosphärischen Sounds sind etwa in Filmen oder Computerspielen (von einfachen Gameboy-Sounds bis hin zu komplexen Dolby-Surround Klangeffekten) zu finden, wo sie – im Sinne der **Psychoakustik** – für die gewünschte Stimmung sorgen.

Wer etwa seine Sony-Playstation einschaltet, wird (je nach Modell) bis zum Start eines Spiels, durchgängig mit einer recht aufwendig gestalteten **Systemmusik** beschallt, die z. B. an die Tageszeit angepasst ist. Aber auch ein Wellness-Center kann z. B. leise sphärische Klänge nutzen, um den Entspannungscharakter der Location subtil zu unterstreichen.

So nutzt man seichte Hintergrundmusik (Easy Listening) mitunter auch in Aufzügen **(Fahrstuhlmusik),** um klaustrophobische oder Höhenängste der Benutzer auf diese Weise zu reduzieren. Selbst Kliniken und Arztpraxen nutzen die beruhigenden bis „sedierenden" Effekte sanfter Hintergrundklänge. Zudem lassen sich Störgeräusche mit Musik kaschieren **(Sound Masking),** etwa in modernen Kundentoiletten.

Die musikalische Untermalung steuert mithin die **Erwartung** der Kunden. Sounds „primen" so den Angebotscharakter und die zugehörigen Nachfolgeprozesse.

3.4.1   Supermarktmusik

In die Rubrik **„Psychotricks"** wird mitunter die Musik im Supermarkt eingeordnet, zumindest wenn man einigen Fernsehdokumentationen folgt. Tatsächlich wird auch in vielen Läden ein akustischer Klangteppich genutzt, der jedoch eher an typische Musik-Playlists erinnert, die durch Werbehinweise des Marktes unterbrochen sind und ein gewohntes Radiogefühl **(Corporate Radio)** vermitteln.

Die kommerziellen Anbieter solcher vorgefertigten Musikprogramme können sich bei der Zusammenstellung an Tageszeiten und typischen Besuchergruppen orientieren: vormittags einkaufende Rentner, Hausfrauen usw. erhalten dann einen anderen Musik-Mix als etwa Berufstätige, die am Abend noch schnell Besorgungen machen. Generell ist es das Ziel, Kunden möglichst lange im Laden verweilen zu lassen, weil dies die **Bonsumme,** d. h. den Gesamtbetrag des Einkaufs, tendenziell erhöht.

Hintergrundinformation
Eine Studie der GEMA (2025) zeigt, dass sich der Umsatz im Einzelhandel durch den Einsatz von Hintergrundmusik im Schnitt um 8 % steigern lässt (die GEMA ist die Gesellschaft für musikalische Aufführungs- und mechanische Vervielfältigungsrechte).

Allerdings sind auch diese Ergebnisse differenziert zu betrachten: An Wochentagen soll musikalische Effekt deutlich höher sein als am Wochenende, weil Musik an stressigen Arbeitstagen eher wohltuend und damit konsumfördernd wirkt, so eine Untersuchung (Ahlbom 2023). Diese Wirkung wird auf die sogenannte **Affektheuristik** zurückgeführt.

Gleichwohl verzichten einige Discounter wie Aldi und Lidl auf den Einsatz von Musik in ihren Läden. Als Gründe werden hier die Kosten als auch das Ladenkonzept genannt, das eher auf Nüchternheit setzt (Feurer 2025).

An dieser Stelle sei auch auf das Konzept der Fitness-Studiokette Kieser verwiesen, wo – anders als in gängigen Studios üblich – rein auf Purismus gesetzt wird: *„Kein Wellness. Keine MUSIK. Keine Ablenkung. Nur das, was wirkt: Krafttraining. Punkt."* Diese Abgrenzung kann als Teil einer gezielten **Positionierung** verstanden werden.

3.4.2 Messen und Events

Ausstellungen und Sonderveranstaltungen sind dadurch gekennzeichnet, dass sie einen besonderen, hervorgehobenen Eindruck vermitteln sollen. Sounds können hier dazu beitragen, Erlebnisse und Eindrücke bei Besuchern oder Kunden gezielt zu inszenieren – ähnlich den Lichteffekten, die man von Bühnenshows kennt.

Während auf Messen in der Regel Vorgaben bestehen, was die maximale Lautstärke angeht, um etwa andere Aussteller nicht zu stören, besteht bei Unternehmensevents ein größerer Handlungsspielraum. Das Spektrum kann von Fanfarenklängen reichen, die etwa erklingen, wenn ein Redner das Podium betritt, bis hin zu Trommelwirbeln, wenn ein neues Produkt vorgestellt und enthüllt wird. Im Rahmen des Eventmanagements ergeben sich hier vielfältige Möglichkeiten zur Dramatisierung und Inszenierung solcher Veranstaltungen.

Allerdings weisen Graf und Luppold (2018, S. 67) darauf hin, dass ein Chef bei einem Unternehmensevent, das auf Teamgeist abzielt, nicht unbedingt „wie ein

Imperator mit der „Conquest of Paradise"-Melodie über den roten Teppich auf die Bühne schreiten" sollte.

Hinzu kommt, dass die Besucher am **Place of Event** solchen akustischen Reizen in besonders intensiver Weise ausgesetzt sind, die Erlebnis- und Erinnerungswirkung mithin intensiver ausfallen wird als im normalen Alltagsgeschehen.

Umgekehrt ist es mittels **Gegenschall** (Der Spiegel 1989) länger schon technisch möglich, akustische Ruhezonen zu schaffen, d. h. Bereiche, in denen Konsumenten relativ frei von z. B. Messelärm entspannen können. Man kennt dieses Prinzip auch von modernen Kopfhörern mit ANC (Active Noise Cancellation). Stille wiederum wird im Kontrast zu lauten Umfeldern als positiv erlebt, was auch für die Inszenierung von Premiumprodukten genutzt werden kann. So ist auch auf den Etagen, wo Kaufhäuser wie Harrods ihre Luxusprodukte präsentieren, in der Regel keine Musik zu hören.

Hintergrundinformation
Für den deutschen Bundeskanzler Friedrich Merz wurde von einer beauftragten Werbeagentur eigens die Hymne „Wieder nach vorne" komponiert. Der Instrumentaltitel ist offenbar auch politisches Programm. Und er soll immer dann abgespielt werden, wenn Merz CDU-Parteitage besucht. Bei früheren Parteitagen mit Bundeskanzlerin Angela Merkel wurde z. B. noch „Angie" von den Rolling Stones gespielt. Auch Sounds von DJ Avicii wurden zuletzt verwendet, um CDU-Parteitage zu beschallen (Weinhold 2025).

3.4.3 Telefonmusik

Wenngleich sich die Kommunikationswege von Unternehmen im Rahmen des technischen Fortschritts ändern, bleibt das Telefon doch oftmals noch das gewohnte Bindeglied zwischen Kunden und Unternehmen, etwa in Form einer Service-Hotline. Anrufer, die dort in eine **Warteschleife** geraten, werden zumeist mit typischer Telefonmusik bei Laune gehalten. Manchmal sind bestimmte Musikstücke bereits in die Telefonanlage einprogrammiert, so wie „Opus No. 1" bei Anlagen von Cisco Systems.

Häufig aber können diese auch individualisiert werden. Statt einfach auf unverfängliche Klassiker wie Beethovens „Für Elise" zurückzugreifen, bietet sich dann eher eine gezielte Auswahl an, bei der die Musik zum Unternehmen und zur Marketingbotschaft passt. Es gibt zahlreiche Anbieter auf dem Markt, die passende GEMA-freie Musik anbieten, und diese noch mit individuellen **Textansagen** versehen.

3.4.4 Podcasts und Radio

Wortbeiträge werden heute nicht mehr nur im Radio übertragen, sondern auch als Podcast produziert. Beide Formen können als eigenständiges Produkt vermarket werden oder auch in unternehmerische Kommunikationsmaßnahmen integriert werden.

Der Farbenhersteller Brillux betreibt z. B. einen öffentlichen Radiosender in eigener Sache („Mit Musik und Beiträgen rund ums Wohnen und Gestalten …"), der deutschlandweit über DAB zu empfangen ist.

Das Radio kann aber auch zur internen Kommunikation genutzt werden, etwa um Mitarbeiter im Homeoffice zu erreichen. Ebenso können z. B. Vertriebsmitarbeiter im Außendienst mit Podcast erreicht werden, die sich bequem während Autofahrten anhören lassen.

Bei der Gestaltung von Beiträgen können zur Wiedererkennung (**Erkennungsmelodie**) und zur zeitlichen Strukturierung z. B. **Jingles** am Anfang und am Ende eingesetzt werden. Solche Intro-, Outro- oder auch **Übergangssounds** sind geeignet, die Zuhörer emotional zu binden und die Unverwechselbarkeit der Wortbeiträge sicherzustellen.

Bei Wortbeiträgen spielt auch die **Stimme** des Sprechers eine wichtige Rolle. Klang, Sprachduktus und Tonalität können zur Wiederkennung beitragen. Die Bedeutung einer markanten Stimme sieht man etwa im Bereich des internationalen Films, wo Synchronsprecher zugleich die Identität der Charaktere prägen. So wird z. B. die bekannte Synchronstimme von Bruce Willis häufig auch für kommerzielle Werbezwecke *(„Alles außer Tiernahrung")* eingesetzt, weil die beim Hörer ausgelösten Assoziationen *(„Yippie Ya Yeah Schweinebacke")* leicht instrumentalisiert werden können. Der Versuch, diese bekannte Stimme mittels KI zu klonen und ihren Bekanntheitswert unerlaubt zu monetarisieren wurde zuletzt sogar gerichtlich untersagt (Puscher 2025).

3.4.5 Film(chen)musik

Soundtracks zu Filmen, also die typische Filmmusik, gelten als eigenes musikalisches Genre. Die erfolgreichste Musik aller Zeiten findet sich wohl zum Blockbuster „The Bodyguard" mit Whitney Houston und Kevin Costner.

Bildsequenzen und Songfragmente ergeben bei erfolgreichen Filmproduktionen oftmals eine untrennbare Einheit, die Emotion und Botschaft kennzeichnet. Dieses Zusammenspiel findet sich naturgemäß auch in **Musikvideos** wieder, die als künstlerische Verschmelzung von Bild und Ton angesehen werden können.

Hintergrundinformation

Der gezielte Einsatz von Musik im Film dürfte sowohl unter künstlerischen Fähigkeiten als auch unter musikalischen Fertigkeiten zu beurteilen sein. So begann der bekannte Komponist Hans Zimmer seine Karriere mit Werbemusik und Jingles (Kratochwill 2025). Heute liefert er die Soundtracks zu Blockbustern wie „Fluch der Karibik" und vielen mehr. Diese Filme sind in ihrer akustischen Wahrnehmung geprägt vom typisch-epischen „Hans-Zimmer-Sound".

Unterhaltungsfilme, Kino & Co.

Melodien und Sounds in Kinofilmen zielen darauf ab, die Wirkung der Bilder zu unterstützen bzw. zu verstärken. Ein bekanntes Vorgehen besteht z. B. darin, den Film so zu schneiden, dass einzelne Bildsequenzen dem Takt der Musik folgen. Der **Bildeindruck** wird rhythmisiert und wirkt dynamischer. Man kennt diese Wirkung aus typischen, schnell geschnittenen **Musikvideos.** Das Kinoerlebnis wird dadurch intensiver, immersiv und der Erlebnis- bzw. Unterhaltungswert des Films steigt. Diese Wirkung ist auch vom Konsumenten gewollt, was sich z. B. in der Installation von Dolby-Surround-Anlagen oder tonverstärkenden Soundbars bemerkbar macht, die oft auch im privaten Heimkinobereich zu finden sind.

Der Medien- und Musikkonsum wird hier aktiv gestaltet und keineswegs passiv rezipiert. Für das Marketing bedeutet dies, Medienansprachen mit Unterhaltungscharakter multimodal, d. h. in Hinblick auf Bild als auch Ton zu konzipieren.

Social Media Beiträge

Soziale Medien sind nicht mehr nur ein Austausch- und Informationsmedium, sondern für viele Nutzer auch ein **Unterhaltungsmedium.** Insofern müssen Unternehmen diesem Anspruch gerecht werden, wenn Sie auf TikTok & Co. Akzeptanz finden wollen. TikTok wurde gezielt auf Gesangs- und Tanzbeiträge von Usern hin ausgerichtet und entwickelt. Sachinformationen spielen eine untergeordnete Rolle.

Dies hat zur Folge, dass Musik zur Untermalung und Unterhaltung eine dafür immer wichtigere Rolle spielt. Pophits und -stars werden heute zuerst durch TikTok berühmt. Insofern erscheint es folgerichtig, wenn z. B. auch die Deutsche Bahn ihren selbstironischen „Bahn-Song" als humorvolles Video auf Social Media platziert, um dort Sympathien zu gewinnen, ohne viele Worte über Sachfragen zu verlieren.

Firmenpräsentationen und Ansprachen
Gerade in größeren Unternehmen hat die oberste Führungsebene mitunter das Bestreben, für Kunden, Mitarbeiter und auch die Öffentlichkeit sichtbarer zu werden. Dies zumeist mit dem Ziel, das Bild des Unternehmens nach außen und innen zu prägen bzw. zu verbessern – live, als Stream oder als Videoaufzeichnung. Bei Aktienunternehmen kann die sichtbare Außendarstellung des CEOs durchaus Einfluss auf die Investitionsbereitschaft und das Vertrauen der Anleger nehmen und dadurch die Aktienperformance beeinflussen.

Insofern ist ein professioneller Auftritt, live oder aufgezeichnet, durchaus von Bedeutung. Der Redner selbst kann mit seiner **Sprachmelodie** und seiner Wortwahl auf die Zuhörer Einfluss nehmen, denn der Ton macht sprichwörtlich die Musik.

Doch neben den Bildern und der Sprache spielt auch der gesamte **auditive Auftritt** eine wichtige Rolle. Dabei geht es nicht nur um eine fehlerfreie Bild- und Tontechnik, sondern auch um die begleitenden Sounds. Der amerikanische Präsident Donald Trump beginnt seine öffentlichen Auftritte oft mit dem emotionalen Song „God bless the USA". Aber auch der CEO von NVIDIA, einer stark gewachsenen Tech-Marke, beginnt große öffentliche Auftritte mit epischer Musik. Die Macht der Musik im Dienst der Emotionalisierung wird bei solchen Auftritten gut sichtbar.

Vorsicht dürfte dort geboten sein, wo Musik missverstanden werden kann. So erscheinen die Fanfarenklänge aus dem Rocky-Soundtrack „Gonna fly now" mitunter sehr martialisch und in der öffentlichen Wahrnehmung – etwa bei Motivationsreden – auch überstrapaziert. Das gleiche gilt für den Song „The Power" von SNAP!, der zu den am häufigsten eingesetzten Werbesongs aller Zeiten zählt (Greiner 2009). Der Titel wird hier unmittelbar als Botschaft genutzt, was im Marketingkontext jedoch (zu) platt wirken kann.

YouTube-Tutorials
Eine eigene Mediengattung stellen mittlerweile Erklär- oder Informationsvideos dar. Während es bei den anderen zuvor genannten Beispielen oftmals um Emotionalisierungs- und Unterhaltungsaspekte geht, steht bei Tutorials die Sachinformation im Vordergrund. Gleichwohl lässt sich auch diese Informationsaufnahme im Sinne eines Infotainments musikalisch unterstützen. Melodien, die ohne Gesang auskommen, lassen akustisch Platz für Gesprochenes im Video.

Die hierzu genutzten Songs wirken in der Regel motivierend, fröhlich und positiv – und erscheinen zugleich austauschbar und melodisch simpel gestrickt. Statt aufwendiger Popproduktionen werden zumeist GEMA-freie Stücke genutzt, die sich auch leicht mit einer DAW (Digital Audio Workstation) am Computer erstellen lassen. Die Kehrseite dieser Musik besteht in ihrer stereotypen Struktur, die auf Dauer als ermüdend, beliebig und lieblos wahrgenommen werden kann.

Gerade aufgrund der einfachen Produktionsweise bietet sich hier zumindest eine individualisierte Komposition an, die auf die Charakteristika des Tutorials bzw. des Anbieters zugeschnitten ist.

Musik, die Zuhörern gefällt und als angenehm empfunden wird, kann lernunterstützend wirken, was z. B. für Erklär- oder Lernvideos ein hilfreicher Nebeneffekt ist. Entsprechend finden sich auf Spotify unzählige Playlists mit Musik zum Fokussieren, Lernen, Konzentrieren usw.

3.5   Musik für Zielgruppen

Das Prinzip „One fits all" dürfte weder im Marketing noch bei der Musikverwendung zielführend sein. Musikgeschmackliche **Differenzierungen** können dabei helfen, unterschiedliche Zielgruppen anzusprechen.

Erwähnt wurde bereits das Beispiel Porsche, wo sich zeigte, dass Aspekte der Hip-Hop-Kultur starke Überschneidungen mit den Wertvorstellungen von Porsche-Käufern aufweisen. Insofern macht es Sinn, Lifestyle-Elemente dieser Musikkultur auch gezielt zu thematisieren und für Marketingzwecke zu nutzen.

Wer etwa ein Restaurant betreibt, ist gut beraten, sich auch am musikalischen Geschmack seiner Gäste zu orientieren und ein entsprechend personalisiertes Programm anzubieten.

Unabhängig von den präferierten **Genres** ist anzunehmen, dass eine dezente Beschallung am angenehmsten empfunden wird. Einerseits um unangenehme Restaurantgeräusche (Gläserklirren usw.) zu kaschieren, andererseits aber auch um Unterhaltungen von Gästen nicht zu stören. Generell vermag der Einsatz von Hintergrundmusik in der Gastronomie den Umsatz um etwa 5 % zu steigern als auch die Verweildauer zu erhöhen (GEMA 2025).

3.5.1   Musikgenres

Vor allem bei der populären Musik sind die Differenzierungen ausgesprochen vielfältig. Gleichwohl können folgende Sparten mit dem größten Umsatz (Auswahl) benannt werden (Bundesverband Musikindustrie 2025):

1. Pop 25 %
2. Hip-Hop 19 %
3. Rock 17 %
4. Dance 12 %
5. Kinderlieder/Family 12 %
6. Schlager 2 %
7. Jazz 2 %
8. Klassik 1 %

Will man also Musik für allgemeine Marketingzwecke einsetzen, so erscheint es vordergründig sinnvoll, sich auf gängige Genres wie Rock und Pop zu fokussieren, so wie es z. B. auch Lokalradios tun, die eine möglichst breite Hörerschaft ansprechen.

3.5.2 Musikalische Präferenzen

Die Präferenz für bestimmte **Musikstile** ist zum einen Ausdruck der Persönlichkeit, zum anderen aber auch eine Alters- und Gewöhnungsfrage. Eine Passung der im Marketing genutzten Musik mit den **Persönlichkeitsstrukturen** der Zielgruppe dürfte daher anzustreben, jedoch nicht immer umsetzbar sein.

Hintergrundinformation
In einer Studie wurden z. B. Systematiker und Empathiker unterschieden. Empathiker präferieren danach eher sanfte, warme, sinnliche oder traurige Musik mit Vorlieben Pop, Country und Jazz. Systematiker fühlten sich demgegenüber eher zu härterer Metal- und Punkmusik hingezogen (Peters 2021).
In einer anderen Untersuchung zum Einfluss des Alters zeigte sich, dass in der Pubertät tendenziell ebenfalls Punk und Metal präferiert werden. Junge Erwachsene neigen dann zu RnB und elektronischen Klängen, während im mittleren Alter Musik dann auch zur Statusfrage wird: Jazz und Klassik werden hier interessant. Ältere Menschen landen schließlich beim Schlager (ebd).

Dies sind, wie gesagt, nur verkürzte Tendenzenbeschreibungen, die jedoch für **Zielgruppenbetrachtungen** nähere Beachtung finden könnten. Für medizinische Präparate und Hilfsmittel, die sich an Senioren richten, bieten sich entsprechend eher leichte Begleitklänge an als etwa harte Punkmusik. Andererseits möchte ein jeder Mensch wohl gerne alt werden wollen – aber nicht auch werblich als alt angesprochen werden, wohl aber altersgerecht. Die musikalische Auswahl stellt mithin auch eine psychologische Herausforderung dar.

3.5.3 Musikalische Produktpositionierung

Bei der musikalischen Produktpositionierung wird angestrebt, bestimmte Produktmerkmale und Botschaften klanglich zu verstärken.

Ein bekanntes Beispiel der 90er-Jahre stellt die Melitta Werbung für die Sorte Harmonie dar: Der Sprecher im Werbespot hat eine sehr weiche Stimme. Und auch die Einstiegs- und Ausstiegsmelodie klingt – dem Produkt entsprechend – harmonisch. Allerdings ist anzumerken, dass gerade diese langlaufende Werbung später von den Verbrauchern geradezu gehasst wurde, weil die vermittelte Harmonie auf Dauer überzogen und damit unerträglich wirkte.

Ähnliche Überlegungen zur **Passung** von Musik und Produkt können z. B. auch für Kosmetika (sanfte, ruhige Musik), Sportwagen (schnelle Beats und Rhythmen) oder Technikprodukte (elektronische Sounds) angestellt werden.

In Erinnerung bleibt auch die Positionierung von Abercrombie & Fitch, deren Ladenatmosphäre stark auch von einer dröhnenden Musik geprägt war, die sich speziell an jüngere (und sich jung fühlende) Textilkäufer gerichtet hat (Campillo-Lundbeck 2012).

Positionierungen können sich auch auf Personenmarken beziehen. So hat z. B. die bekannte Influencerin Bianca Heinike („Bibis Beauty Palace") den Versuch unternommen, sich nicht nur als Youtuberin, sondern auch als Sängerin bei ihrer Zielgruppe zu etablieren (W&V 2017). Ungeachtet der Millionen Dislikes, die das Youtube-Video unmittelbar darauf für die Gesangsfähigkeiten erhielt, erzielte der Song bis heute 67 Mio. Aufrufe, was werblich wie finanziell einen beachtlichen Erfolg darstellt.

Marken können sich zudem in Songs einkaufen. Dieses **Brand Name Placement** findet sich bereits in über 80 % aller Hip-Hop- und Rapsongs (Kilian und Zocher 2021). Luxusmarken wie Gucci, Lamborghini oder Rolex sind dabei besonders stark vertreten.

So arbeitet z. B. der Deutsch-Rapper Pashanim seit 2025 offiziell mit dem Sportartikelhersteller Nike zusammen, nachdem er schon zuvor die Marke immer wieder in seinen Songs erwähnt hatte: eine musikalische Synergie, die offenbar für beide Seiten lohnt.

3.6 Produktion von Marketingmusik

Musiker verstehen sich in der Regel als Künstler, wenn sie Songs komponieren und an neuartigen Sounds basteln. Insofern besteht eine Möglichkeit darin, solche originären musikalischen Produktionen auch für Marketingzwecke zu nutzen. Ein erfolgreicher Popsong kann auf den Erfolg des vermarkteten Produkts abstrahlen **(Halo-Effekt)** – und umgekehrt. Bekannt sind allerdings auch Fälle, wo es zu unerwünschten Interferenzen im Sinne eines **Vampir-Effektes** kam: So wurde die Sängerin Beyoncé 2012 von Pepsi für eine „Musikstrategie" engagiert (Campillo-Lundbeck 2012b). Das Problem dabei: Der Popstar überstrahlte letztlich das zu bewerbende Produkt. Insofern kann es sinnvoll sein, nicht auf bereits erfolgreiche Songs zu setzen, sondern Musiker zu engagieren, die sich auf **Gebrauchsmusik** spezialisiert haben. Diese mag (noch) unbekannt sein, lenkt dafür aber auch nicht von der Werbebotschaft oder dem Produkt ab.

3.6.1   Produzenten von Gebrauchsmusik

Als Gebrauchsmusik können Klangerzeugnisse bezeichnet werden, die eine Funktion – wie etwa im Marketingkontext – erfüllen. Dabei geht es dann weniger um künstlerische Originalität, sondern mehr um brauchbare, kostengünstige und in kurzer Zeit produzierte Musikstücke, Sounds oder Melodien.

Jeder Musiker, der im Umgang mit DAWs versiert ist, dürfte in der Lage sein, solche **Auftragsproduktionen** für Werbung, Marketing usw. zügig anzufertigen. Gleichwohl gibt es Studios und Anbieter, die sich genau auf solche Gebrauchsmusik spezialisiert haben. Angeboten werden dann vorproduzierte Stücke oder individualisierte Kompositionen.

Erinnert sei an dieser Stelle an die bekannte US-Fernsehserie „Two and a Half Men", deren Protagonist (Charlie Sheen) ein Musiker ist, der es mit Werbe-Jingles zu einem Millionenvermögen gebracht hat.

3.6.2   GEMA-freie Musik

Musikstücke von Künstlern, die bei der GEMA Mitglied sind, dürfen im öffentlichen Raum nur dann abgespielt werden, wenn entsprechende Gebühren entrichtet werden. Die Summen sind nicht unerheblich. So verzichten einige Weihnachtsmärkte in Deutschland auf eine (von Besuchern eigentlich erwartete) Beschallung, nur um die GEMA-Zahlungen zu umgehen.

GEMA-freie Musik stellt daher eine Alternative für Weihnachtsmärkte und Unternehmen dar, weil nur das Recht am GEMA-freien Song erworben und bezahlt werden muss. Der Nachteil ist, dass es sich hier zumeist um unbekannte Musikstücke handelt, deren Bekanntheit, Attraktivität und Erfolg dementsprechend nicht auf das Produkt – siehe Weihnachtsmarkt – auszustrahlen vermag.

3.6.3   Virtuelle Klänge

Die Digitalisierung hat nicht nur in Wirtschaft und Gesellschaft, sondern auch in der Musik zu einigen Veränderungen geführt. So haben sich seit den 80er-Jahren zunehmend **Synthesizer,** sprich künstliche Klangerzeuger, vor allem in der Popmusik durchgesetzt. Aber schon Alfred Hitchcock hat 1963 in seinem Film „Die Vögel" Aufsehen erregt, indem er künstliche Soundeffekte mit dem sogenannten Trautonium erzeugt hat.

Statt reale Orchestermusiker zu engagieren, reicht es heute aus, entsprechende Musiklibraries in eine DAW zu laden und mit vorgefertigten Samples, mit reinen Synthesizern oder mit Mischformen von beiden zu arbeiten. Die Klanggestaltungsoptionen dabei sind für versierte Anwender nahezu grenzenlos, was den Einsatz virtueller Sounds für kreative Marketingprojekte durchaus nützlich, zeitsparend und kostengünstig erscheinen lässt.

Für den Konsumenten können mit der Klangsynthese zugleich **Irritationen** verbunden sein, weil Klänge sich nicht mehr klar ein- oder Instrumenten zuordnen lassen. Dieser Effekt mag einerseits gedanklich anregen, kann andererseits aber auch zu Frustration beim Zuhörer führen.

3.6.4   Künstliche Intelligenz

Die künstliche Intelligenz wird von Musikern als Bedrohung, aber auch als Bereicherung erlebt. Für das Marketing bietet sich auf den ersten Blick die Möglichkeit, Marketingmusik eigenständig – quasi auf Knopfdruck – ohne fremde Hilfe wie Agenturen, Musikern usw. zu produzieren. Tatsächlich mögen die Ergebnisse für wenig anspruchsvolle Zwecke ausreichen. Allerdings werden Musikportale zugleich von solcher KI-Musik geradezu geflutet. „AI Slop" **(KI-Schrott)** ist zu einem Massenphänomen geworden.

Für qualitative Ergebnisse, die dem Anspruch hochwertiger Produkte und Kampagnen gerecht werden sollen, dürfte (derzeit) kein Weg an professioneller Unterstützung vorbeiführen.

Gleichwohl wachsen die Software-Fähigkeiten stetig. Zum Beispiel reicht es dem Programm ACE Studio (acestudio.ai), ihm ein beliebiges Werbevideo hochzuladen, das dann individuell, automatisch und passgenau mit KI-generierter Musik unterlegt wird (Video to Music).

Einfache Gebrauchsmusik liegt demnach im Bereich der KI-Einsatzmöglichkeit. **Premium-Musik,** für die ein entsprechender Produktionsaufwand erforderlich ist, wird in der Erstellung voraussichtlich weiterhin dem Profi-Komponisten oder Sound-Designer vorbehalten sein.

3.6.5   Marktplätze für Sounds und Songs

Ähnlich den großen Musikportalen, auf denen Musik gestreamt (Spotify usw.) bzw. heruntergeladen und gekauft (Amazon usw.) werden kann, haben sich auch Anbieter und Portale für Sounds und Gebrauchsmusik etabliert. Die größte professionelle Soundbibliothek für die Musikproduktion hält aktuell wohl Splice bereit.

Aber auch unzählige andere Anbieter halten Stimm- und Geräuschaufnahmen bis hin zu fertig produzierten Songs bereit:

- Professionelle **Stock-Music-Plattformen** wie Shutterstock Music oder Adobe Stock Audio.
- **Spezialanbieter** für die Filmbranche, Podcast oder Videogames.
- **Creator-Marktplätze** für Einzelproduzenten wie etwa Fiverr.
- **Sound-Effect-Plattformen** wie SoundDogs.

Ausblick und Handlungsempfehlung 4

Marketingmusik, d. h. die akustische Unterstützung von Werbung, Produktinszenierungen und Kommunikationsmaßnahmen durch Sounds, Songs und Melodien, ist aus dem Marketing nicht wegzudenken.

Einerseits verweist das menschliche Wahrnehmungsverhalten auf den aktiven Wunsch vieler Verbraucher nach hörbarer und allgegenwärtiger Unterhaltung, etwa durch Radio- oder reinen Musikkonsum. Andererseits erscheinen die Einsatzfelder im Marketing nahezu unbegrenzt, Sounds gezielt als Instrument der Konsumentensteuerung einzusetzen.

Für Unternehmen und Organisationen bieten sich hier Chancen, auch solche Kommunikationsanlässe zu nutzen, die bislang im Marketingmix noch unterrepräsentiert sind. Zu denken ist hier etwa an die verstärkte Entwicklung (Sounddesign) von Soundlogos, also einem akustischen Branding, das auch in Bereiche ausstrahlen kann, die bislang wenig berücksichtigt wurden: Museen, Arztpraxen, Bahnhöfe, Industrieprodukte und -marken.

Und auch im touristischen Bereich könnte man sich fragen, wie eigentliche bestimmte Urlaubsregionen für den Besucher klingen und in Erinnerung bleiben. Aus Berlin kennt man etwa schon lange die berühmte „Berliner Luft" in Blechdosen, die man dort als Souvenir kaufen kann. Warum sollte es nicht möglich sein, den Sound einer Stadt oder einer anderen Destination auch akustisch erlebbar zu machen und als Markenzeichen zu nutzen? Liverpool etwa wird durch die Beatles schon lange mit dem sogenannten Mersey-Sound, der an den dortigen Fluss erinnert, verbunden. Fußballfans denken vermutlich eher an den FC Liverpool und seine Hymne „You'll never walk alone". Hier erschließen sich kommunikationspolitisch noch viele Optionen.

Ein weiterer Aspekt, der die Marketingmusik zukünftig beeinflussen dürfte, ist die fortschreitende Digitalisierung und der Einsatz von KI. Dadurch öffnen sich die Zugangswege und Produktionsmöglichkeiten von Songs und Sounds zunehmend auch für Nicht-Musiker. Ob damit auch die Qualität des musikalischen Outputs steigt, ist eine offene Frage.

Die Qualität und das Ausmaß der Beschallung im Alltag wird nicht immer positiv aufgenommen. Und so zeigt sich schon jetzt, dass Verbraucher gegen ein Übermaß an Geräuschen in Supermärkten und auf öffentlichen Plätzen aufbegehren. Der Verein „LautsprecherAUS!" trägt solche Proteste mit prominenten Fürsprechern etwa gezielt in die Öffentlichkeit.

> „Musik wird störend oft empfunden, weil sie mit Geräusch verbunden." (Wilhelm Busch)

Tatsächlich reagieren erste Supermärke bereits, indem sie „stille Stunden" einführen, in denen Kunden ohne Musik entspannt einkaufen können. Zumindest einige Verbrauchergruppen nehmen dieses kundenorientierte Angebot zu bestimmten Zeiten dankend an.

Möglicherweise wird Stille in Zukunft ein zunehmend gefragtes Erlebnis, ein Luxus, der sich durch den bewussten Verzicht auf Sounds auszeichnet.

Marketingmusik ist in seiner Wirkung, wie jedes Steuerungsinstrument, von der differenzierten und gezielten Ausgestaltung abhängig. Sie kann die Kauflaune steigern, ebenso aber auch die Abwehr reizen. Hier gilt es neben profunden Marketingkenntnissen auch ein psychologisches Gespür für die Belange der Konsumenten zu entwickeln.

Was Sie aus diesem *essential* mitnehmen können

- Wissen über psychobiologische Wirkmechanismen von Sounds und Musik
- Darstellung und Einordnung der Anwendungsbereiche von Marketingmusik
- Ausblick und Handlungsempfehlung

© Der/die Herausgeber bzw. der/die Autor(en), exklusiv lizenziert an
Springer Fachmedien Wiesbaden GmbH, ein Teil von Springer Nature 2026
T. Jendrosch, *Marketingmusik*, essentials,
https://doi.org/10.1007/978-3-658-51382-5

Literatur

Ahlbom, C.-P., Roggeveen, A., Grewal, D., & Nordfält, J. (2023). Understanding How Music Influences Shopping on Weekdays and Weekends. Journal of Marketing Research, 60(5), 987–1007. https://doi.org/10.1177/00222437221150930

Behrendt, F.: Klingeling … klingeling … klingeling … Telefon!, in: Paul, G., & Schock, R. (Hrsg.): Sound des Jahrhunderts, Bonn 2013 (bpb), S. 582–585.

Birbaumer, N., & Schmidt, R.: Biologische Psychologie, Heidelberg 2010, 7. Aufl. (Springer).

Biswas, D., Lund, K., & Szocs, C. Sounds like a healthy retail atmospheric strategy: Effects of ambient music and background noise on food sales. J. of the Acad. Mark. Sci. 47, 37–55 (2019). https://doi.org/10.1007/s11747-018-0583-8.

Bruhn, H., Oerter, R., & Rösing, H. (Hsg.): Musikpsychologie, Reinbek, 1993 (Rowohlt).

Bucher, B.: Lego Movie Maker: Komplettes Filmstudio für das Smartphone, 3.3.2019: https://www.chip.de/news/LEGO-Movie-Maker-Komplettes-Filmstudio-fuer-das-Smartphone_163103692.html

Bundesverband Musikindustrie: Musikindustrie in Deutschland 2025, 26.02.2026: https://www.musikindustrie.de/presse/presseinformationen/musikindustrie-in-deutschland-2025

Campillo-Lundbeck, S.: Hüpfende Muskeln: Abercrombie & Fitch macht Ladenmusik zum Viralhit, 18.6.2012: https://www.horizont.net/marketing/nachrichten/-Huepfende-Muskeln-Abercrombie%2D%2DFitch-macht-Ladenmusik-zum-Viralhit-108207

Campillo-Lundbeck, S.: Pepsi schließt Markenpartnerschaft mit Beyoncé, 11.12.2012: https://www.horizont.net/marketing/nachrichten/-Von-Single-Lady-zu-Irreplacable-Pepsi-schliesst-Markenpartnerschaft-mit-Beyonc-111902

Danek, S.: Mercedes Benz lässt den »Sound of Tomorrow« komponieren, 22.9.2022: https://page-online.de/kreation/mercedes-benz-laesst-den-sound-of-tomorrow-komponieren/

Day, P., & Glaser, W.: Reaktionszeit, Stichwort (23.09.2022) in: Dorsch Lexikon der Psychologie: https://dorsch.hogrefe.com/stichwort/reaktionszeit

EDEKA: Mehr Liebe wagen – der neue Song für EDEKA, Hamburg 2025: https://www.edeka.de/unsere-marken/edeka-qualitaetsversprechen/liebe.jsp

Eibl-Eibesfeldt, I.: Die Biologie des menschlichen Verhaltens, München 1986 (Piper), 2. Aufl.

von der Eltz, F.: Weniger „Last Christmas": So reagieren Städte auf Gema-Kosten für Weihnachtsmarkt-Musik, 1.12.2025: https://www.mdr.de/nachrichten/sachsen-anhalt/weihnachtsmaerkte-musik-lizenzfrei-gema-streit-104.html

Feurer, S.: Hätten Sie's gewusst? Darum läuft bei Aldi und Lidl nie Musik in den Filialen, 4.05.2025: https://www.chip.de/news/supermaerkte-lebensmittel/keine-musik-bei-aldi-und-lidl-warum-kunden-davon-profitieren_0bc11f0b-7ee1-4f0c-94d9-3ccc451cff52.html?utm_source=copilot.com

Fischer, G. im Gespräch mit Jürgen König: Singen als „Friedensprozess", auf: deutschland-funkkultur.de, 11.07.2008: https://www.deutschlandfunkkultur.de/singen-als-friedensprozess-100.html

Fitzek, H.: Gestaltpsychologie kompakt, Wiesbaden 2014 (Springer).

Floemer, A.: Intel Bong: Was ihr über die Erkennungsmelodie noch nicht wusstet, 31.5.2024: https://t3n.de/news/intel-bong-was-ihr-ueber-die-erkennungsmelodie-noch-nicht-wusstet-1627039/

Freud, S.: Massenpsychologie und Ich-Analyse, Frankfurt 2014, 9. Aufl. (Fischer).

Frohoff, M.: Meine 5 liebsten Musik- und Marken-Kooperationen aller Zeiten, in: Horizont v. 11.12.2020: https://www.horizont.net/marketing/charts/adidas-peloton%2D%2Dco-meine-5-liebsten-musik%2D%2Dund-marken-kooperationen-aller-zeiten-187858

GEMA: Musik als Wirtschaftsfaktor: Studie belegt Umsatzsteigerung durch Hintergrund-musik, 30.7.2025: https://www.gema.de/de/w/music-impact-studie-2025

Glas, A.: Die Stadtkapelle bläst Markus Söder den falschen Marsch, 22.02.2023: https://www.sueddeutsche.de/bayern/soeder-aschermittwoch-passau-defiliermarsch-csu-bayern-panne-1.5756396

Göring, J.: Diese Werbespots bleiben im Gedächtnis, 15.12.2022: https://www.br.de/fernsehen/ard-alpha/sendungen/campus/cinema/wie-geht-gute-werbung-100.html

Greiner, K.: „Dieses Stück kann unsere Familien bis ans Lebensende ernähren.", 12.8.2009: https://sz-magazin.sueddeutsche.de/musik/dieses-stueck-kann-unsere-familien-bis-ans-lebensende-ernaehren-76578

Gröppel-Klein, A., & Kroeber-Riel, W.: Konsumentenverhalten, München 2025, 12. Aufl. (Vahlen).

Jendrosch, T.: Popmusik, Düren 2025 (Shaker Media).

Jendrosch, T.: Marketingmusik: Musik bietet für das Marketing viel Potenzial, in: marken-artikel 8/2021, S. 20–21.

Jendrosch, T.: Die psychologische Klassik-Falle: War früher wirklich alles besser?, in: Production Partner 11/2018, S. 32–33.

Jendrosch, T.: Sub-Special: Wahrnehmung – Bässe wirken mit Beiwerk noch besser, in: Production Partner 10/2017, S. 12–16.

Jendrosch, T.: Mood-Management mit Musik: Wie klangliche Schlüsselreize das menschliche Empfinden steuern, in: Sound & Recording, 11/2015, S. 84–87.

Jendrosch, T.: Sex Sells, Darmstadt 2000 (GIT).

Jendrosch, T.: Der programmierte Konsument, Darmstadt 1995 (GIT).

Jeske, E., & Reitz, T.: Handbuch für Songtexter, Berlin 2019 (Autorenhaus).

Jung, C. G.: Archetypen, München 1990 (dtv).

Kicker: „Völlig losgelöst": DFB macht „Major Tom" zur neuen Torhymne, 1.6.2024: https://www.kicker.de/voellig-losgeloest-dfb-macht-major-tom-zur-neuen-torhymne-1029008/artikel

Kilian, K., & Zocher, K.: Markenhitparade: Brand Name Placements in den Musikcharts, in: markenartikel 10/2021, S. 32–35.

Kleinjohann, M.: Marketingkommunikation mit Acoustic Branding, Wiesbaden 2020 (Springer).

Küppers, M., Spitzer, O., & Strubberg, D.: Studie: Wie Musik in TV-Spots Emotionen steuert, 24.10.2016: https://www.wuv.de/Exklusiv/Specials/Musik-in-der-Werbung/Studie-Wie-Musik-in-TV-Spots-Emotionen-steuert

Kratochwill, K.: Die zehn besten Soundtracks von Hans Zimmer, 6.12.2025: https://www.tonspion.de/news/die-zehn-besten-soundtracks-von-hans-zimmer

Kreuz, G.: Musik. Eine Frage des Geschmacks?, in: virtuos – Das Mitgliedermagazin der GEMA, 2/2021, S. 14–17.

Lorenz, K.: Die stammesgeschichtlichen Grundlagen menschlichen Verhaltens, in: Eibl-Eibesfeldt, I. (Hrsg.): Konrad Lorenz: Das Wirkungsgefüge der Natur und das Schicksal der Menschen, München 1987, 5. Aufl. (Piper), S. 176–245.

Marx, A.: Snipes überholt Nike: Diese Marken sind 2025 am kulturell relevantesten in Deutschland, 29.09.2025: https://www.absatzwirtschaft.de/snipes-ueberholt-nike-diese-marken-sind-am-kulturell-relevantesten-275718/

Moeck, T.: „Viva Colonia" – Eine Kölner Stadthymne erobert Europa, 22.08.2012: https://www.rundschau-online.de/koeln/viva-colonia-eine-koelner-stadthymne-erobert-europa-209024

ntv: „Stranger Things" flutet deutsche Charts mit alten Hits, 9.1.2026: https://www.n-tv.de/leute/Stranger-Things-flutet-deutsche-Charts-mit-alten-Hits-id30224149.html

O.V.: Zahlen & Fakten, in: virtuos – Das Mitgliedermagazin der GEMA, 3/2020, S. 9.

O. V.: Comeback aus der Hölle, 10.12.2021: https://www.stern.de/kultur/crazy-frog%2D%2Dcomeback-aus-der-hoelle-31407302.html

Paul, G./ Schock, R. (Hrsg.): Sound des Jahrhunderts, Bonn 2013 (bpb).

Peters, L.: Sag mir was du hörst und ich sag dir, wer du bist, 13,4.2021: https://www.uni-hildesheim.de/kulturpraxis/musikgeschmack/

Pschyrembel Klinisches Wörterbuch, Berlin 2020, 268. Aufl. (de Gruyter).

Puscher, F.: Das Copyright an der eigenen Stimme, 5.9.2025: https://meedia.de/news/beitrag/20041-das-copyright-an-der-eigenen-stimme.html

Radiozentrale GmbH, o. J.: https://www.radiozentrale.de/kampagnen/radio-geht-ins-ohr-bleibt-im-kopf/

Reitz, T.: „Ich bin eine riesige Emo-Schleuder", Interview in: virtuos 1/2021, S. 47.

Rentz, I.: „Positive Stimmung verbreiten": JvM-Kreativer Jens Pfau über die „Supergeil"-Kampagne, 27.02.2014: https://www.horizont.net/agenturen/nachrichten/Positive-Stimmung-verbreiten-JvM-Kreativer-Jens-Pfau-ueber-die-Supergeil-Kampagne-119410

Rötter, G. (Hrsg.): Handbuch Funktionale Musik, Wiesbaden 2017 (Springer).

Schobelt, F.: Luxus und Elektropop: So klingt der Markensong von Sofitel, 28.10.2016: https://www.wuv.de/Exklusiv/Specials/Musik-in-der-Werbung/Luxus-und-Elektropop-So-klingt-der-Markensong-von-Sofitel

SPIEGEL, DER: Selektive Ruhe, 21.05.1989: https://www.spiegel.de/wissenschaft/selektive-ruhe-a-70231715-0002-0001-0000-000013495746

Spitzer, M.: Selbstbestimmen, Heidelberg 2004 (Spektrum).

Spangardt, B., Herget, A., & Schramm, H.: Musik in der Werbung, in: Schramm, H. (Hrsg.): Handbuch Musik und Medien, Berlin 2019, S. 187–212.

Steiner, P.: Sound Branding, Wiesbaden 2018, 3. Aufl. (Springer).

Stock, M.: The Hit Factory, London 2004 (New Holland).

Tauchnitz, J.: Werbung mit Musik, Heidelberg 1990 (Physica).

Theobald, T.: So emotional feiert Jung von Matt/Saga echte Aufsteher, 26.5.2021: https://www.horizont.net/agenturen/nachrichten/ergo-unfallversicherung-so-emotional-feiert-jung-von-mattsaga-echte-aufsteher-191788

Theobald, T.: Lidl macht „Discounter"-Darling Merlin Sandmeyer zum Werbestar, 20.3.2025: https://www.horizont.net/marketing/nachrichten/community-song-wird-zum-viralhit-lidl-macht-discounter-darling-merlin-sandmeyer-zum-werbestar-226633

Vanhoefer, M.: Symphonie „Mit dem Paukenschlag", 22.08.2008: https://www.br-klassik.de/themen/klassik-entdecken/starke-stuecke-haydn-paukenschlag-100.html

Weinhold, O.: Neue Töne bei der CDU: Merz bekommt persönliche Einlaufhymne, 13.09.2025: https://www.berliner-zeitung.de/news/neue-toene-bei-der-cdu-merz-bekommt-persoenliche-einlaufhymne-li.2356628

Westermann, C. im Interview mit: Leitl, M.: „Da-Da-Da-Di-Da – so verärgern Sie Ihre Kunden", 3.12.2007: https://www.spiegel.de/wirtschaft/akustische-werbung-da-da-da-di-da-so-veraergern-sie-ihre-kunden-a-519987.html#:~:text=*%20Wirtschaft.%20*%20Akustische%20Werbung:%20%22Da%2DDa%2DDa%2DDi%2DDa%20%2D%20so%20ver%C3%A4rgern%20Sie%20Ihre%20Kunden%22

Williams, J., Markov, Y., Tiurina, N., & Störmer, V. : What You See Is What You Hear: Sounds Alter the Contents of Visual Perception. Psychological Science (original work published 2022), 33(12), 2109–2122. https://doi.org/10.1177/09567976221121348

Werben & Verkaufen: Youtuberin Bibi versucht sich als Sängerin, 28.4.2017: https://www.wuv.de/Archiv/Youtuberin-Bibi-versucht-sich-als-S%C3%A4ngerin